CRIMES ET MYSTÈRES DE PARIS

Paul El Kharrat

CRIMES ET MYSTÈRES DE PARIS

HarperCollins

Conception et réalisation graphique : Caroline Gioux.

HARPERCOLLINS FRANCE

83-85, boulevard Vincent-Auriol,

75646 PARIS CEDEX 13

Tél. : 01 42 16 63 63

www.harpercollins.fr

ISBN : 979-10-339-0985-9

SOMMAIRE

Prologue 15

PARTIE 1

De la Révolution à la Restauration 21

Le « rasoir national » entre en action 27
Nicolas Jacques Pelletier, Jourdan Coupe-tête, Philippe de Pâris

Les repêchés de la Seine 39
Charles Dautun

Assassinat pendant l'entracte 45
Louis Pierre Louvel

L'empoisonneur à la morphine 51
Edme-Samuel Castaing

Le loup-garou de Cerny 59
Antoine Léger

Coups de couteau au bois de Vincennes 65
Louis-Auguste Papavoine

PARTIE 2

Des Trois Glorieuses au Second Empire 73

Les modèles hugoliens du crime 79

Honoré-François Ulbach, Claude Gueux

Quand la plume et le stylet ne font qu'un 87

Pierre François Lacenaire

La machine infernale s'enclenche 93

Giuseppe Fieschi

Crime dans la maison de Dieu 99

Jean-Louis Verger

Jack l'éventreur parisien 105

Louis-Joseph Philippe

Là où coule la Seine 111

Jean-Charles-Alphonse Avinain

Massacre à Pantin 117

Jean-Baptiste Troppmann

PARTIE 3

De la Commune à la Troisième République 123

Persona non grata 129

Pierre Napoléon Bonaparte

Les petits paquets du quartier Riquet 135

Victor Prévost

L'horloger de Montreuil 143

Albert Pel

L'affaire de la rue de Grenelle 151

Louis Menesclou

Vengeance funeste entre pharmaciens 159

Marin Fenayrou

Un coupable à l'identité inconnue 167

Michel Campi

Triple meurtre rue Montaigne 171

Henri Pranzini

La malle sanglante de Millery 179

Michel Eyraud et Gabrielle Bompard

PARTIE 4

De la paix à la guerre 189

Le dernier guillotiné de la Grande Roquette 195
Albert Peugnez

L'ogresse de la Goutte-d'Or 201
Jeanne Weber

Le bagne ou l'échafaud ? 211
Albert Soleilland

Hécatombe impasse Ronsin 217
Marguerite Steinheil

Anarchie à la Belle Époque 227
La bande à Bonnot

De la passion à la prison 235
Henriette Caillaux

Un patronyme pour destinée 245
Raoul Villain

Le charme ravageur d'un galant meurtrier 253
Henri-Désiré Landru

PARTIE 5

De l'entre-deux-guerres à la reconstruction 261

Entrevue mortelle chez les royalistes 267
Germaine Berton

Affrontement fatal entre bijoutiers 275
Charles Mestorino

Un mort qui sauve la vie 281
Eugène Boyer et Paul Gorgulov

Un amour filial délétère 287
Violette Nozière

Crime parfait dans le métropolitain 295

Le tueur au regard de velours 301
Eugène Weidmann

Il était une fois le démon incarné 311
Marcel Petiot

De la Gestapo au grand banditisme 319
Gang des Traction-Avant

Épilogue 327

Crédits photos 331

Prologue

« J'arrive à la mort par une mauvaise route
et j'y monte par un escalier... »

Pierre François Lacenaire
à son bourreau

Le cri d'adieu de ce poète criminel, peu avant son exécution, n'est pas le seul à nous être parvenu. Nombreux sont ceux qui, ayant commis un forfait assez grave pour être puni par la peine de mort, ont gravi « l'escalier », c'est-à-dire l'échafaud, estrade sur laquelle la guillotine a été placée dès son origine. Les paroles de ces criminels lancées avant leur trépas sont rarement entendues uniquement par celui qui les exécute.

En effet, le peuple français a longtemps souhaité assister au spectacle de la mort judiciaire. Il aimait voir couler le sang de celui par qui le mal était arrivé. Il aimait observer la souffrance du monstre. Il aimait la torture. L'exécution n'est devenue privée que lorsque la présence du public ne permit plus le déroulement calme et rapide de la mise à mort. Mais, si les hommes de pouvoir ont cherché à faire disparaître la mort judiciaire des yeux des hommes, puis du Code pénal, la justice individuelle, elle, n'a jamais cherché à se réformer. Des hommes et des femmes ont tué, et parfois sauvagement, le plus souvent pour de l'argent, mais aussi pour une idéologie religieuse ou politique, pour l'honneur, ou encore par amour.

Si j'ai choisi de m'intéresser à ce sujet et d'y consacrer un livre, c'est parce que la criminologie est un excellent moyen pour parler d'histoire, qui est, comme vous le savez certainement, ma passion. Mais qu'est-ce donc que la criminologie, exactement ? En bref, c'est une science qui étudie ce qui a poussé des individus, en raison de dispositions psychologiques, familiales ou sociétales, à perpétrer l'acte ultime et irréparable du crime de sang. Cette discipline, à l'intersection de la psychologie, de la sociologie et du droit, est une curiosité de l'histoire.

Pour moi, ces affaires criminelles sont pareilles à des trous de serrure par lesquels on peut apercevoir des pans entiers de l'imaginaire d'une époque. Par la voix des criminels, des témoins et des procès, il est possible de dépeindre une période historique avec ses mœurs, ses préoccupations mais aussi son organisation politique et judiciaire. Cette discipline éclaire une zone d'ombre aussi essentielle à nos chers historiens que les grandes inventions, les héros, les créations artistiques et littéraires. Car le crime intrigue, excite et déchaîne les foules, laissant derrière lui de longues traînées sanguinolentes dans les archives.

Les crimes et mystères que j'ai sélectionnés pour ce livre se situent tous en France, et en particulier à Paris, afin de conserver une unité de lieu. Notre capitale a longtemps été le modèle des autres cités de France et elle a concentré en ses murs toutes les perversions. Les nombreux meurtres, forfaits ou délits qui ont été commis dans la Ville Lumière et ses environs sont une source intarissable quand il s'agit de criminologie et m'ont permis de rassembler une variété de criminels à vous présenter. J'ai tenté d'esquisser le portrait de ces hommes et de ces femmes qui ont défrayé la chronique depuis la fin du XVIIIe siècle et qui ont jeté l'effroi sur la population parisienne, voire sur la France entière.

Qui sont ces assassins et ces meurtrières ? D'où viennent-ils ? Quelles furent leurs situations familiale et professionnelle avant qu'ils ne plongent les mains dans le sang de leurs victimes ?

Ici vous apparaîtront les silhouettes d'un Lacenaire ou d'un Petiot ; là, les visages d'une Nozière ou d'une Caillaux. Ces créatures, souvent banales au premier abord, peuvent se révéler de véritables monstres. Vous trouverez ainsi dans chacun de ces épisodes, courts voyages dans le temps, des informations précieuses – parfois peu connues mais toujours insolites – sur l'histoire des Français et de leur pays. Car la criminologie n'a vraiment d'intérêt pour moi que lorsqu'elle est reliée à ma discipline de prédilection, l'histoire.

J'ai pris le parti de faire coexister dans ces pages des meurtres fortement médiatisés et des crimes plus obscurs, énigmatiques et silencieux. Pour faire la lumière sur des affaires aussi effroyables que méconnues, mais aussi sur des périodes spécifiques de l'histoire, j'ai organisé ce livre en parties et chapitres suivant l'ordre chronologique. En tête de chacune des parties, vous trouverez deux frises chronologiques : l'une déroule les dates des crimes et mystères parisiens, l'autre est constituée de dates choisies pour contextualiser ces affaires. La chronologie est en effet pour moi un repère sûr, avec lequel je me sens à l'aise et qui correspond à ma manière de raisonner. Peut-être est-ce dû à mon autisme, qui me fait classer toutes sortes d'informations selon une façon bien précise...

Dans tous les cas, je reste convaincu que vous parler des crimes parisiens depuis la révolution de 1789 jusqu'à la fin de la Seconde Guerre mondiale vous permettra de mieux comprendre les évolutions des mentalités – qu'elles soient politiques ou sociales – de cette époque que les historiens appellent « contemporaine » et qui a fait le monde dans lequel nous vivons aujourd'hui.

À vous maintenant de tourner les pages et de vous laisser embarquer dans un voyage de récits glaçants, au cœur de la nature humaine et de la grande histoire.

PARTIE 1

De la Révolution à la Restauration

SUITE DES INDICATIONS
III.e PARTIE
au N. de la Seine en
commençant à l'O.
LA SEINE
RIVIE
Champs Elysées
GROS CAILLOUX
CHAMP DE MARS
Palais Bourbon
Nouveau Boulevard
Jardin du Luxembourg
Palais Royal
PARIS
Superficie 5,280,000, Toises.
N.B. Pour les Indications on divise ainsi Paris. 1.e Les Isles. 2.e Partie au Sud de la Seine. 3.e Partie au Nord de la Seine.
1.e LES ISLES
Isle du Palais appellée dans sa partie Orien.le I. N. D. et CITE.
II.e PARTIE.
au S. de la Seine en commençant à l'O.
ISLE S. LOUIS
A Paris, chez Jean

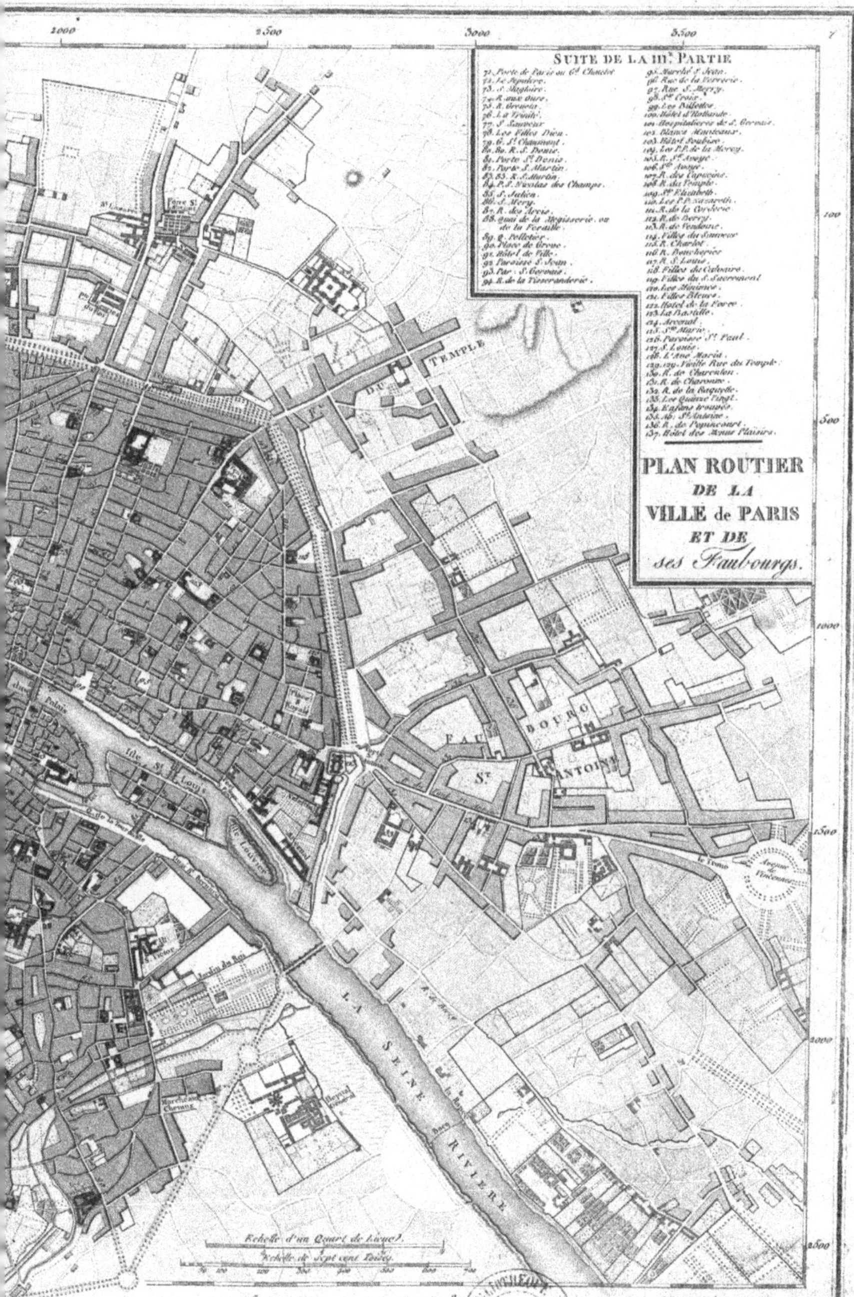

...n de Beauvais, N°. 10.

Gravé par ...

LES AFFAIRES CRIMINELLES DE LA PÉRIODE

1792 — Le « rasoir national » entre en action

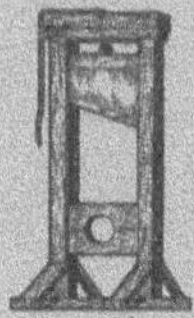

1814 — Les repêchés de la Seine

1820 — Assassinat pendant l'entracte

1823 — L'empoisonneur à la morphine

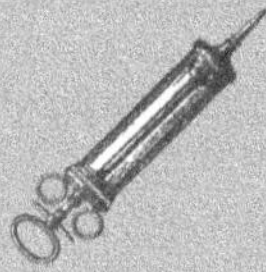

1824 — Le loup-garou de Cerny

1824 — Coups de couteau au bois de Vincennes

MES DATES CLÉS

25/03/1792
Vote de la loi relative à la peine de mort qui ordonne la construction d'un outil précis de décapitation.

17/09/1793
Adoption par décret de la « loi des suspects », autorisant l'arrestation de ceux qui « se sont montrés partisans de la tyrannie ou du fédéralisme et ennemis de la liberté ».

20/03/1815
Début de la période des Cent-Jours. Napoléon Bonaparte regagne Paris pour tenter de régner à nouveau, mais le désastre de Waterloo (18 juin) le conduit à abdiquer.

08/07/1815
Fin des Cent-Jours. Napoléon est exilé et Louis XVIII reprend son règne (période de la Restauration).

16/09/1824
Mort de Louis XVIII.

Machine proposée à l'Assemblée Nationale

Pour le Supplicé des Criminels par M. Guillotin

Les exécutions se feront hors de la Ville dans un endroit destiné a cet effet la Machine sera environné de Barrieres pour empecher le Peuple d'approcher, l'interieur de ces Barrieres sera gardé par des Soldats portant les armes basses, et le Signal de la mort sera donné au Boureau par le Confesseur dans l'instant de l'absolution. le Boureau detournant les yeux coupera d'un coup de sabre la corde aprés laquelle sera suspendu un mouton armé d'une hache

Nª une semblable Machine a servi au supplice de Titus Manlius romain :

Le « rasoir national » entre en action

« Traîtres, regardez et tremblez, elle ne perdra son activité que quand vous aurez tous perdu la vie. »

Légende du dessin *La Guillotine de l'an II*, publié dans *La Guillotine* par G. Lenotre

La Révolution est une période clé de l'histoire de France voire du monde. L'ère de la monarchie absolue s'achève ; une autre, faite de réformes, de constitutions et de débats politiques, s'ouvre.

Cette révolution a vu et connu tous les excès, tous les crimes imaginables. Il y a eu des exécutions à la chaîne, des hommes et des femmes qui se sont laissé submerger par l'aura pernicieuse du pouvoir en oubliant trop souvent la parole du peuple et le rôle qu'il jouait. Elle a mis à mort son souverain et de nombreux nobles, laïcs ou religieux, sans parler des Français restés fidèles à la monarchie. Elle a déchiré les franges politiciennes de la Convention et a conduit à une guerre contre les puissances européennes qui ne s'est achevée qu'à la chute de Napoléon Ier. Elle a également laissé libre champ à des assassins de toute espèce, à des crimes collectifs voulus par le pouvoir en place, au nom de sa sauvegarde, mais aussi perpétrés par quelques ambitieux, à titre personnel.

Ces criminels, si leur jugement les condamnait à mort, firent l'expérience d'un instrument innovant. Celui-ci naquit des réflexions anatomiques du chirurgien Antoine Louis associées aux pensées philosophiques et humanistes d'un autre médecin, Joseph-Ignace Guillotin, afin de faire de l'exécution d'un condamné un acte moins barbare que sous le régime précédent.

Cet engin, bientôt appelé guillotine, va se transformer en véritable outil de terreur, mot qui accompagne aussi la célèbre période de la Révolution qui s'étend du 5 septembre 1793 au 28 juillet 1794. Au total, plus de 40 000 Français – hommes, femmes, laïcs, religieux – vont ainsi avoir la tête tranchée, qu'ils soient coupables d'homicide ou seulement de vol, voire simplement soupçonnés de félonie ou d'atteinte à la sûreté de l'État.

On se souvient de Nicolas Jacques Pelletier car il a été le premier à périr sous la lame de la guillotine. Son exécution eut lieu le 25 avril 1792, en place de Grève, lieu traditionnel des exécutions sous la monarchie, aujourd'hui place de l'Hôtel-de-Ville, à Paris. Le bourreau qui s'occupa de son sort fut le terrible Charles-Henri Sanson.

Quel fut donc son crime ? Dans la nuit du 14 octobre 1791, avec plusieurs complices, Pelletier avait attaqué un passant rue Bourbon-Villeneuve – actuelle rue d'Aboukir, dans le 2e arrondissement – pour le dépouiller d'un peu moins de 1 000 assignats. Pendant l'agression, l'homme mourut. Pelletier était-il responsable du meurtre ? Ce n'est pas certain, mais il fut malgré tout arrêté, jugé et condamné à mort. Son jugement ayant été plusieurs fois remis en question, Charles-Henri Sanson entreprit de tester sa nouvelle machine, assemblée par l'ébéniste alsacien Tobias Schmidt, sur des cadavres de l'hôpital Bicêtre en attendant l'arrivée de sa future victime.

Le jour de l'exécution arriva enfin. Elle ne fut pas à la hauteur des espérances du public. Tout cela avait été bien trop rapide, et déjà certains réclamaient la restauration des anciennes méthodes d'exécution : la mort à l'épée ou au sabre – privilège des nobles –, la pendaison ou encore l'écartèlement.

Toujours est-il que, ce 25 avril 1792, le premier guillotiné de France venait de périr, et le futur « rasoir national » entrait dans l'histoire.

En cette même année, le 10 août 1792, l'assaut du palais des Tuileries – situé, avant sa destruction en 1871, à l'ouest du palais du Louvre – fit frémir Paris tout entier. Des émeutes éclatèrent, et plusieurs délégations de révolutionnaires et sans-culottes pénétrèrent en armes dans le palais, où résidaient alors le roi et sa famille. Des gardes chargés de leur sécurité perdirent la vie. Louis XVI, son épouse Marie-Antoinette, le dauphin et sa sœur partirent se réfugier à l'Assemblée. Au même moment, le palais était envahi, mis à sac et pillé. Ceux qui n'avaient pu le quitter furent arrêtés ou assassinés.

Cette journée est l'une des plus importantes de la Révolution, puisqu'elle sonne le glas de la monarchie et que près d'un millier de personnes moururent. L'insurrection gagna ensuite plusieurs lieux de la capitale, et certains profitèrent du désordre pour régler des comptes personnels.

C'est ainsi qu'un partisan de la monarchie constitutionnelle, Stanislas de Clermont-Tonnerre, après avoir été arrêté puis relâché, fut défenestré par des insurgés lors de son retour à son domicile. Après cette vengeance populaire, d'autres événements, provoqués par l'invasion austro-prussienne et plusieurs rumeurs (dont un soulèvement royaliste), se précipitèrent. Les chroniqueurs leur donnèrent le nom de massacres de Septembre : du 2 au 6 ou 7 septembre 1792, dans Paris mais aussi dans le reste de la France, des hommes et des femmes, affolés par les dangers, envahirent les prisons et y tuèrent des religieux réfractaires à la Révolution et d'autres, laïcs, jugés ennemis de la Révolution. Au total, près de 1 300 personnes y trouvèrent la mort.

La plus célèbre victime fut Marie-Thérèse de Savoie-Carignan, princesse de Lamballe. Arrêtée le 10 août, et enfermée à la prison de La Force*, elle fut tirée de sa cellule au matin du 3 septembre et conduite devant un tribunal improvisé. Elle serait aussitôt condamnée à être exécutée si elle refusait de témoigner contre le roi et la reine. Fidèle à son souverain, elle ne dit rien. Elle fut tuée à coups de bûches et de piques, et c'est nu que son corps fut traîné à travers les rues de Paris, tandis que sa tête, en haut d'une pique, fut exhibée sous les fenêtres de la prison du Temple, où son amie la reine Marie-Antoinette était incarcérée.

Au milieu de ce tumulte, et sous couvert du casque révolutionnaire, un criminel commit les pires atrocités. Son nom : Mathieu Jouve, passé à la postérité sous le surnom de « Jourdan Coupe-tête ».

Il entra dans l'histoire de France lors de la prise de la forteresse de la Bastille, le 14 juillet 1789, quand il scia la tête de son gouverneur, Bernard-René Jourdan de Launay. On lui attribua aussi les débordements des journées des 5 et 6 octobre 1789, qui eurent pour résultat de faire revenir la

* L'hôtel particulier de La Force, situé dans le Marais, au n° 3 de l'actuelle rue Malher, dans le 4e arrondissement, a servi de prison pour la ville de Paris entre 1780 et 1845.

1789

céſt ainſi qu'on ſe venge des traitres.

famille royale de Versailles à Paris. Mais l'histoire criminelle le connaissait depuis plus longtemps.

Né vers 1746, dans l'actuelle Haute-Loire, l'homme au tempérament de feu fut successivement maréchal-ferrant, puis garçon boucher, et enfin cabaretier et soldat. Sa carrière de criminel, il la débuta par le vol, et notamment par celui du château de Paulin, lors duquel il déroba quelque 300 000 livres.

Condamné à mort, il obtint la grâce du cardinal de Rohan en 1783 – qui le garda à son service jusqu'à l'été 1789.

Après ces débuts en fanfare lors des premières journées révolutionnaires, il s'expatria dans le Comtat Venaissin, possession du pape. En bon révolutionnaire, il s'associa à des émeutiers et des manifestants pour exiger le rattachement de ces terres à la France. En Avignon, il vandalisa, incendia et participa à des vols à main armée, tuant s'il le fallait. Le massacre de la Glacière, les 16 et 17 octobre 1791, marque un tournant, et Mathieu Jouve se fit l'exécuteur de papistes, avec des complices.

Après cet épisode qui l'imposa comme un défenseur sans merci de la république dans le sud-est de la France, il fut nommé commandant de gendarmerie du Vaucluse et des Bouches-du-Rhône. Les violences et les exactions se poursuivirent, les suspects arrêtés furent conduits au cachot, puis pour la plupart purement et simplement décapités, sans jugement. Son comportement brutal fut ébruité jusqu'à Paris, où le Comité de salut public, qui luttait entre autres autant contre les opposants à la Révolution que contre les ultrarévolutionnaires, autorisa son arrestation.

Dessiné et Gravé par Couché fils

Assassinat de Le [illegible]

Le 20

BAUDOUIN frères, Rue [illegible]

Terminé par Le Jeune

...etier de S.t Fargeau

... 1793.

...girard, N.o 36 A PARIS.

Il fut arrêté le 23 avril et transféré à Paris. Le 27 mai 1794, c'était à lui de perdre la tête sur l'échafaud.

Pour conclure ce rapide tour d'horizon des différents motifs des assassins pendant la Révolution française, voici un dernier exemple. Le 20 janvier 1793, un jour avant la décapitation de Louis XVI, le président de l'Assemblée nationale constituante et député montagnard Louis-Michel Lepeletier de Saint-Fargeau fut assassiné par un royaliste d'un coup de sabre dans un restaurant du Palais-Royal. Son meurtrier, appelé Philippe de Pâris, ancien garde du roi, n'avait pas supporté qu'un noble puisse tenir un tel rôle dans la déchéance de la monarchie et, qui plus est, voter la mort du roi. Son crime perpétré, il prit la fuite pour l'Angleterre, mais fut dénoncé quelques jours plus tard par un marchand de peaux. À Forges-les-Eaux, il se logea une balle dans la tête le 29 janvier pour éviter d'être exécuté par des révolutionnaires. Quant à Lepeletier, on l'éleva au rang de martyr.

La Révolution s'acheva par l'exécution de ceux qui avaient installé la Terreur en France, mais le régime qui lui succéda, le Directoire, sous la houlette de l'abbé Sieyès et François Antoine de Boissy d'Anglas, ne put entraver les violences des hommes et des femmes, souvent pauvres, dont les espoirs après tant de sacrifices restaient déçus. Les meurtres politiques s'enchaînèrent, et on fit oublier le passé par la mort. Saint-Just et Robespierre furent les premières victimes – d'autres suivirent, comme Jean-Bertrand Féraud, qui, ayant sauvé sa tête in extremis le 9 thermidor (27 juillet 1794), contrairement à Robespierre, fut abattu le 20 mai 1795 par un coup de pistolet donné par une femme. Avec d'autres, elle avait envahi l'Assemblée pour réclamer la paix.

Ainsi s'achève ce très court tour d'horizon des affaires criminelles de la période troublée de la Révolution. Temps plein d'espoir, de grandes idées, mais aussi d'atrocités où se sont mêlés profiteurs et assassins, donnant à ce moment de l'histoire de France une couleur violente peu glorieuse.

CLAUDE-JEAN-CHARLES DAUTUN

Dessiné d'après nature au Tribunal.

Atteint et convaincu d'avoir assassiné Jeanne-Marie Dautun, femme Vaume sa tante Et Auguste-Pierre-Charles Dautun son frère et de l'avoir coupé par morceaux.

Condamné à la peine de mort, à Paris, par la Cour Royale d'Assise du Département de la Seine, le 25 Fevrier, 1815.

Déposé à la Direction Gle de l'Imp.ie et de la Librairie.

Les repêchés de la Seine

« Je suis perdu ; je n'ai pas commis ce crime, je ne suis coupable que d'avoir enlevé les effets. »

Charles Dautun, lors de son procès,
Causes criminelles célèbres du XIXe siècle,
rédigées par une société d'avocats, tome I

Ce fait divers, que la conscience collective a souhaité oublier, surgit à l'entrée de l'hiver 1814, date à laquelle les Français vivent la chute de l'Empire et le retour de la monarchie avec l'accession au trône de Louis XVIII, frère de Louis XVI. Les meurtres qui en découlent sont les premiers authentifiés du XIXe siècle.

Charles Dautun, qui n'avait aucun rapport avec la ville bourguignonne chère à Talleyrand, était un homme de trente-quatre ans de taille moyenne, les cheveux bouclés, malingre de constitution mais à la détermination criminelle sans faille. Cet étudiant en médecine plus que médiocre – et qui ne brilla pas davantage durant sa carrière militaire – commit l'irréparable pour un refus de quelques sous qu'il jugea tout bonnement insupportable.

Né à Sedan en 1780, il était fils d'un honnête industriel qui, avec le temps, avait amassé une jolie fortune. Mais la mort lui enleva ses parents dans ses jeunes années, et Charles fut élevé par son oncle et sa tante paternels. En grandissant, le jeune homme préféra l'oisiveté à l'assiduité du travail. Il fréquenta de plus en plus régulièrement les maisons de jeu, où il retrouva un de ses cousins, Louis-Claude Girouard. Le malheur rapproche les hommes, dit-on. Les deux compères, bientôt sans ressources, durent vendre ce qu'il leur restait de patrimoine, mais ils dilapidèrent rapidement les sommes récoltées. Peu de temps après, la rumeur de deux sordides assassinats se répandit dans Paris.

Le 9 novembre 1814, des pêcheurs naviguant sur la Seine remontèrent dans leurs filets les restes d'un homme. La tête du malheureux fut la première prise, à hauteur de Saint-Germain-l'Auxerrois, bientôt rejointe par un tronc dont la poitrine était marquée de plusieurs coups, retrouvé près du Louvre, puis deux jambes, repêchées au niveau du bas des Champs-Élysées, non loin de la place de la Concorde.

L'affaire fit rapidement grand bruit, et l'identité du cadavre recomposé à la morgue de l'île de la Cité ne fit plus de doute. L'individu se nommait Auguste Dautun. La police ne tarda pas à se transporter au domicile de celui-ci, rue Saint-Germain-l'Auxerrois, dans le 1er arrondissement ; la porte de sa chambre avait été forcée, tout était dans le plus affreux désordre, des traces de sang maculaient le sol et les murs. Des voisins affirmèrent que, depuis la disparition d'Auguste, quantité de ses effets avaient été déménagés. Par qui, cela relevait encore du mystère. La police rechercha sa famille. Elle retrouva Charles, son frère, qui se présenta à la convocation, très surpris. Après interrogatoire, on l'accompagna à son domicile. Mais on ne trouva aucun des effets ayant appartenu à Auguste. Il était pourtant le principal suspect ; la police le mit alors aux arrêts. Finalement, lors de son interrogatoire, Charles Dautun avoua. Il avait commis le meurtre le 8 novembre à 8 heures du matin, avec la complicité de son cousin.

Son cousin fut arrêté, nia tout. Au même moment, Dautun se rétracta : il avait commis le meurtre seul. Il avoua alors celui de sa tante, Mme Vaume, assassinée le 16 juillet 1814. « Elle n'avait pas jeté un seul cri » alors qu'il la frappait.

Au départ, il n'avait l'intention que de la voler. Finalement, pris de remords, il ne lui déroba qu'une petite montre en or, une cuillère à ragoût, deux couverts, deux cuillères à bouche et deux à café.

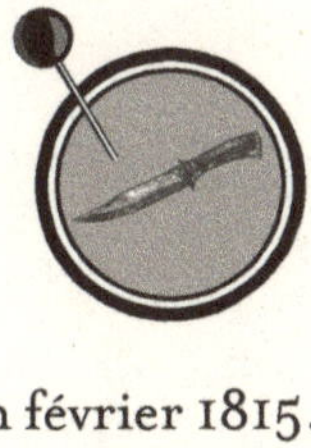

Le procès s'ouvrit en février 1815. Devant le jury, sur une table, avaient été entreposées les pièces à conviction : les vêtements ensanglantés, un vase de grès dans lequel le sang d'Auguste avait été recueilli par l'assassin, avec l'eau dont il avait fait usage pour laver la chambre ; enfin, le modèle en plâtre de la tête pour l'identification.

Charles Dautun était calme. Il avait tué sa tante pour quelques sous refusés et assassiné son frère parce qu'il menaçait de le dénoncer. Il fut condamné à mort et exécuté le 24 mars 1815 devant une foule enfiévrée. Le secours de la religion lui fut offert, il le refusa. Il ne regrettait rien.

Il fut considéré comme l'un des plus grands criminels du siècle ; on parla longtemps de ce corps découpé et de cet homme capable de tuer son frère de façon si cruelle pour cacher un autre crime au butin si dérisoire.

Louis Pierre Louvel
assasin du Duc de Berry.

Louis Pierre Louwel.
Mörder des Herzogs von Berry.

S. A. R. Le Duc de Berry.

S. K. H. der Herzog von Berry.

Lith: de G. Engelmann

Assassinat pendant l'entracte

« Les Bourbons n'ont pas le droit de rentrer en France, et surtout d'y vouloir régner. Louis XVI a été exécuté légalement et justement de l'aveu de la Nation entière ; la Nation serait déshonorée si elle se laissait gouverner par cette race de traîtres. »

Louis Pierre Louvel, lors de son procès

De quelle manière peut-on inscrire son nom dans l'histoire ? Certains deviennent chercheurs, politiciens, écrivains ou artistes, d'autres empruntent une voie plus radicale. Et quoi de mieux pour se faire connaître que le meurtre d'un prince du sang, membre de la famille royale française ?

C'est le chemin qu'a choisi Louis Pierre Louvel, bien décidé à marquer de son empreinte les annales du crime et la destinée de son pays.

Il faut dire que l'individu n'était pas un fervent royaliste, loin s'en faut. Bonapartiste, il aimait l'Empire, son empereur, et le revendiquait fièrement.

Né à Versailles le 7 octobre 1783, c'était un homme assez extravagant, jusqu'au-boutiste, aux convictions très ancrées. Un physique terne et sombre, des cheveux courts, un regard noir et de légers favoris composaient le portrait de cet observateur exalté à la dégaine quelque peu négligée.

On sait peu de choses sur sa vie, outre son admiration sans bornes pour Napoléon Ier. Il fut soldat dans l'armée impériale avant de suivre l'empereur à l'île d'Elbe et à Waterloo. S'il eut le droit d'accompagner son héros sur l'île d'Aix, on lui refusa l'immense honneur d'être aux côtés de l'Aigle déchu dans son ultime demeure de l'île de Sainte-Hélène, au milieu de l'Atlantique. En 1815, il ignorait qu'il ne survivrait pas à son illustre empereur.

Louis Pierre Louvel était alors ouvrier sellier aux écuries du roi. Mais le cœur n'y était pas. Ce fanatique bonapartiste était morose et jugeait insupportable le retour de la royauté en France. Un projet fleurit dans son esprit déprimé : la lignée des Bourbons devait disparaître une bonne fois pour toutes, comme les partisans de la Révolution l'entendaient.

Il avait pensé à tuer Louis XVIII à son arrivée à Calais après plus de vingt ans d'exil, mais il n'en fit rien. L'homme, bedonnant, malade et vieillissant, était sans héritier direct. Il était bien plus judicieux de détruire la descendance du « Roi-Fauteuil ».

Certes, Louis XVIII avait un frère, Charles, comte d'Artois, mais l'homme n'était plus dans ses jeunes années. En revanche, celui-ci avait deux fils, et l'un ou l'autre prendrait un jour la place de leur oncle : Louis-Antoine et Charles-Ferdinand. Lorsque Louvel se décida à agir, au début de l'année 1820, le premier n'était pas en France. Il n'avait d'ailleurs pas non plus d'héritier et était déjà d'un âge avancé. Seul Charles-Ferdinand était père, mais d'une fille, qui selon la loi royale ne pouvait lui succéder. Toutefois, le bruit courait que sa jeune épouse Marie-Caroline des Deux-Siciles était enceinte. Il était tout à fait probable qu'elle donne naissance à une fille ou que, si l'enfant était un mâle, il meure en bas âge, comme c'était alors souvent le cas.

Louvel opta donc pour la solution radicale : supprimer le géniteur.

Celui qui était appelé « duc de Berry » devait se rendre à l'opéra rue de Richelieu, le 13 février. Louvel s'y rendit pour mettre son plan à exécution.

À l'entracte, le duc raccompagna Marie-Caroline à sa voiture. Il était courant de ne faire qu'une simple apparition à un spectacle. L'essentiel était d'être vu et non de voir. Accompagnée d'un officier en baïonnette, d'un militaire et d'un laquais, elle était confortablement installée. Son époux s'en retournait alors au théâtre lorsque Louvel surgit et lui planta un couteau dans la poitrine. La blessure était sérieuse, et ce fut sous grande escorte qu'on conduisit le prince au château des Tuileries pour y être soigné. La plaie se révéla toutefois mortelle. Son agonie dura la nuit entière. L'homme savait que son heure était venue, il se plaignit seulement que la mort se fasse autant désirer au vu de ses souffrances. On dit qu'il quitta notre monde en bon chrétien et pardonna à son agresseur. Il succomba, entouré des siens, le 14 février à 6 h 30.

Quant à Louvel, il ne résista nullement lors de son arrestation. Pendant son interrogatoire, il déclara avoir agi seul, par conviction politique. Informé aussitôt de l'attentat, Louis XVIII exigea, en raison de l'importance du geste, que la Chambre des pairs se charge du procès. Celui-ci débuta dans la foulée, le 15 février 1820. Dès son ouverture, le procureur général dramatisa à l'excès la situation en prononçant ces mots : « Ce crime peut coûter à votre pays des siècles de larmes par ses conséquences. »

Le 7 juin 1820, l'ouvrier sellier Louis Pierre Louvel était guillotiné au petit matin sur la place de l'Hôtel-de-Ville. Le duc de Berry fut inhumé à l'abbaye de Saint-Denis, cimetière des rois depuis le XIIe siècle. Le pouvoir fit de ce mort un martyr. Outre le projet d'un tombeau monumental pour glorifier sa vie dans la nécropole royale, un monument expiatoire fut édifié devant l'opéra, sur le lieu même de l'attentat.

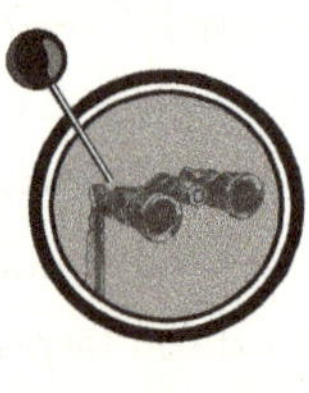

Le plan de Louvel échoua lamentablement : l'enfant que Marie-Caroline portait à la mort de son époux était un fils. Il fut baptisé Henri. Les Bourbons avaient un successeur, bien que cet homme ne régna jamais. En effet, la révolution de 1830 imposa une autre branche Bourbon au pouvoir, celle des Orléans, et, après la révolution de 1848, il n'y eut plus de roi en France. Henri d'Artois, duc de Bordeaux, mais plus connu sous le titre de comte de Chambord, déclaré « enfant du miracle » à sa naissance, ne fut toute sa vie qu'un prétendant à la couronne pour un royaume qui n'existait plus.

Auguste Ballet
Mort a St Cloud le 1er Juin 1823
Hyppolite Ballet
Mort a Paris le 6 Octobre. 1822
Castaing
Docteur en Medecine
Condamne a mort
Dessiné d'apres Nature.

L'empoisonneur à la morphine

« On m'accuse d'avoir lâchement assassiné mes deux amis, et je suis innocent... Oh ! oui, je le répète, je suis innocent ! »

Edme-Samuel Castaing, cité dans *Mes mémoires*, Alexandre Dumas, tome 4

Alors que l'assassinat du duc de Berry était encore dans toutes les conversations, une nouvelle affaire de meurtre passionna les Parisiens. Elle ne s'illustra pas par le sang coulé ni par les mutilations infligées par des armes blanches. Non, c'est un tueur aux mains propres qui défraya la chronique. Son arme : le poison.

L'homme se nommait Edme-Samuel Castaing. Il fut le premier criminel connu à avoir assassiné ses victimes à l'aide de morphine.

Né vers 1796 à Alençon, il était issu d'une famille aisée de la bourgeoisie normande ; son père exerçait la profession d'inspecteur général des forêts. Edme-Samuel Castaing fit des études secondaires brillantes et s'orienta tôt vers la faculté de médecine, à Angers puis à Paris. Mais à la pratique de la médecine il préféra la recherche. Aussi, en 1821, diplôme en poche, il s'adonna à sa passion. Son domaine de prédilection était les poisons végétaux et, dans le laboratoire qu'il s'était aménagé, il menait ses expériences sur des animaux. Castaing était parvenu à une certitude : certains de ces poisons ne laissaient aucune trace. Les grains d'acétate de morphine étaient de ceux-là.

Ces recherches ne lui rapportaient malheureusement rien, or notre homme était amoureux d'une jeune veuve, mère de trois enfants. Il lui en fit deux autres en trois ans. Aussi, pour entretenir sa famille et poursuivre ses travaux, il travaillait dans un cabinet, mais ses revenus restaient insuffisants pour nourrir sept personnes. Il s'endetta, ne put rembourser... et s'endetta encore.

Au même moment, il se lia d'amitié avec la famille Ballet, demeurant, comme lui, rue d'Enfer*, et en particulier avec les deux fils du notaire, Hippolyte et Auguste. La famille était très aisée, comme nombre de familles de la rive gauche, dans le sud de Paris, et les deux fils, avocats, vivaient autant de leurs rentes que de leur activité professionnelle.

* Rebaptisée pour sa partie restante rue Denfert-Rochereau en 1878, elle correspond à une partie du boulevard Saint-Michel (section entre la rue Monsieur-le-Prince et la rue de l'Abbé-de-L'Épée), la rue Henri-Barbusse et l'avenue Denfert-Rochereau.

Mais le sort sembla s'acharner soudain sur les Ballet. En quelques mois, le père, la mère puis l'oncle décédèrent brutalement. Une tragédie familiale qui laissait aux trois enfants – il y avait également une sœur déjà mariée – une fortune considérable à se partager.

Curieusement, les visites d'Edme-Samuel Castaing furent dès lors plus fréquentes, plus régulières aussi. D'autant qu'Hippolyte n'était pas en bonne santé. Il souffrait d'une phtisie. Castaing s'attacha à lui et l'accompagna dans ses crises en sa qualité de médecin. Au début du mois d'octobre 1822, le jeune avocat de vingt-quatre ans n'était plus que l'ombre de lui-même. Il souffrit le martyre pendant quatre jours avant de rendre l'âme le 5 du même mois dans les bras de son ami.

La raison du décès ? Une pleurésie tuberculeuse. Peu avant sa mort, Hippolyte avait rédigé son testament, qui déshéritait totalement son frère Auguste, contre lequel il nourrissait une rancoeur depuis des années. Mais le testament fut introuvable.

On découvrit plus tard que, dix-sept jours avant le décès du jeune homme, Castaing avait acheté chez son apothicaire plusieurs grains d'acétate de morphine.

Dans la famille Ballet, au début de l'automne 1822, il ne restait plus qu'un frère et une sœur. L'amitié de Samuel Castaing et d'Auguste Ballet se renforça. Ils devinrent inséparables. À tel point qu'Auguste, en plus des différents prêts accordés à son ami, en fit son légataire universel. La fortune d'Auguste fut estimée à environ 500 000 francs.

Les deux amis déposèrent l'acte devant le notaire le 29 mai 1823. Le même jour, les deux hommes quittaient Paris, pour aller respirer l'air de la campagne. Après avoir passé la journée à Saint-Germain-en-Laye, ils réservèrent une chambre dans le village de Saint-Cloud, à l'auberge de la Tête noire.

En fin de soirée, ils partagèrent un verre de vin chaud avec un citron et du sucre, que Castaing avait pris soin d'emporter avec lui. Auguste dormit très mal cette nuit-là : il souffrit de maux de ventre, de douleurs diverses, suivis de coliques. Au matin, ses jambes étaient si enflées qu'il ne put se chausser. Il resta au lit, fiévreux. Avant de partir faire une course, Castaing, pour le soulager, lui donna à boire, un verre de lait froid, qu'Auguste trouva mauvais. À son retour, son ami était au plus mal. Autour de lui s'était rassemblé le personnel de l'auberge. Une odeur pestilentielle emplissait la chambre. Au pied du lit : une cuvette pleine de vomi. Castaing ordonna de la jeter pour purifier l'air de la pièce. Soucieux de l'état de son client, l'aubergiste voulut l'avis d'un autre médecin. Le Dr Pigache arriva sur les coups de 11 heures. Castaing affirma qu'Auguste souffrait du choléra. Son confrère demanda à voir la matière vomie mais on n'eut rien à lui montrer.

Préoccupé mais prudent, le Dr Pigache prescrivit à Auguste un régime alimentaire léger, de la limonade et une potion apaisante. Pourquoi revint-il trois heures plus tard, annonçant qu'il avait contacté un confrère, le

Dr Pelletan ? Lorsqu'il s'inquiéta de savoir si Auguste avait suivi son ordonnance, Castaing lui répondit qu'il avait pris la limonade mais refusé le calmant. L'état du malade ne cessait d'empirer. Les maux de ventre et les douleurs dans tous les membres continuaient, et il fut même pris de convulsions. Pigache revint une troisième fois, en soirée, pour une saignée. Entre-temps, le curé de la paroisse était passé et priait pour le souffrant.

Auguste décéda quelques heures plus tard. Il ne rencontra jamais le Dr Pelletan, qui arriva peu après.

Ni Pigache ni Pelletan ne crurent au diagnostic de leur confrère. Suspicieux, ils informèrent la police, qui ouvrit une enquête. L'autopsie ne donna rien, aucune trace de poison. La mort semblait naturelle, surprenante, certes, mais naturelle. Le crime aurait été parfait si Castaing ne s'était pas confié dans une lettre, interceptée par le directeur de la prison où il avait été incarcéré le temps de l'enquête. Castaing demandait à sa mère de supplier le pharmacien qu'il fréquentait de ne rien dévoiler de ses achats et de ses recherches.

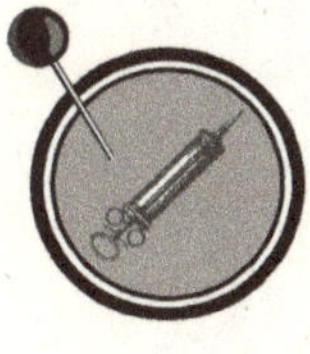

Le procès en cour d'assises débuta aussitôt, le 10 novembre 1823 ; il dura huit jours. Castaing avait été engagé par Auguste pour, sinon tuer son frère, au moins détruire le testament. En récompense, il lui avait abandonné une partie de son héritage, 100 000 francs d'actions.

Le voyage à Saint-Cloud devait sceller leur amitié, mais Castaing trouva au contraire ce moment idéal pour s'approprier la fortune de son ami. L'empoisonnement commença par le vin chaud et se poursuivit avec le lait froid. Si sa responsabilité dans la mort du père, de la mère, de l'oncle et même d'Hippolyte ne put être prouvée, il fut jugé coupable de destruction de testament et de l'empoisonnement d'Auguste.

La lame de la guillotine tomba sur la frêle tête d'Edme-Samuel Castaing le 6 décembre 1823.

ANTOINE LÉGER L'ANTHROPOPHAGE (1824).

« . . . Il fond, comme une bête fauve, sur la jeune fille » (PAGE 2).

Le loup-garou de Cerny

« [...] abandonné à mon désespoir,
cherchant toutes les occasions de quitter la vie,
je suis descendu, poussé par le malin esprit,
dans les bois avoisinant la vigne... »

Antoine Léger, aux enquêteurs

Le 10 août 1824, une jeune fille de douze ans et demi, répondant au nom d'Aimée-Constance Debully et demeurant sur la commune d'Itteville, en Seine-et-Oise – département qui comprenait l'actuelle Essonne –, disparut. Vers 16 heures, elle avait quitté la maison pour aller ébourgeonner une pièce de vigne que ses parents possédaient, à un quart de lieue de là, près du bois Sardion. Mais, le soir venu, Aimée-Constance n'était toujours pas rentrée. La famille s'inquiéta. Son père et ses frères partirent à sa recherche. Près des vignes, ils retrouvèrent, bien rangés, son chapeau, ses souliers et une serviette. Ils continuèrent à fouiller les bois alentour jusque tard dans la nuit, en vain.

Le lendemain, la gendarmerie fut avertie et organisa une battue, soutenue par les gens du village. La jeune fille resta aux abonnés absents. Les recherches se prolongèrent durant quatre jours. On retrouva seulement un mouchoir blanc et bleu.

Le 16, à la roche de la Charbonnière, située au-dessus de Montmiraux (hameau de Cerny), un homme remarqua, dans une crevasse, des branches de fougères déjà sèches curieusement amassées. Il les déplaça et découvrit l'entrée d'une grotte. Dans cette entrée, sur le sol, il vit des restes d'artichauts, des oignons et un lit fait de foin et de mousse. Quelqu'un vivait manifestement là. Une odeur insoutenable envahissait le lieu. La grotte fut explorée attentivement, révélant, sous cinquante centimètres de sable, un grand paquet ficelé par un lien de chêne. Une chemise, un jupon et un mouchoir servaient à le recouvrir. À l'intérieur, on découvrit un corps d'enfant déjà en putréfaction dont les jambes et les cuisses étaient repliées sous le ventre et le tronc atrocement mutilé.

Le juge d'instruction d'Étampes se rendit sur les lieux, accompagné d'un médecin, qui examina le cadavre. Celui-ci confirma que le corps avait été ouvert à l'aide d'un couteau, que les plaies faites sur diverses parties du corps avaient été effectuées avec la même arme.

Le corps fut identifié par le couple Debully : il s'agissait bien de celui d'Aimée-Constance.

Depuis l'annonce de la disparition de la fillette, tout étranger au village était devenu possible suspect.

Le 12 août, le garde du canton ayant participé aux premières battues avait aperçu un vagabond près d'une fontaine. Il avait voulu l'approcher, mais l'homme s'était aussitôt enfui.

Le lendemain, convaincu de le retrouver au même endroit, il l'attendit toute la journée, caché. Lorsque l'individu apparut près de la fontaine, à la nuit tombée, il l'arrêta.

Interrogé, il déclara se nommer Antoine Léger, être originaire de Saint-Martin-de-Bréthencourt, du canton de Dourdan. Il avait quitté son village sur un coup de tête le jour de la Saint-Jean précédente, avec cinquante francs en poche, fruit de son travail. Depuis, il prétendait se promener « là où le désespoir le portait ». On trouva sur lui deux couteaux qui éveillèrent un peu plus les soupçons.

On l'arrêta et on l'inculpa pour vagabondage et maraudage. Emprisonné, Léger raconta rapidement sa vie à ses codétenus. Ses confidences arrivèrent bien vite aux oreilles des magistrats. On fit le rapprochement avec l'affaire Aimée-Constance. Léger fut à nouveau interrogé. Pour obtenir des aveux, le juge eut recours à la confrontation judiciaire.

Antoine Léger argua que sa vie d'ermite dans la forêt l'avait affamé. Les légumes pris dans les champs ne lui suffisaient plus. Il avait alors surpris un lapin, puis l'avait tué avant de le manger cru. Le goût si particulier du sang tiède l'avait excité. Mais, la faim le tenaillant toujours, il s'était finalement résolu, début août, à rejoindre la société des hommes, et le soir, aux alentours de La Ferté-Alais, il avait acheté quelque nourriture avec ce qui lui restait d'argent.

Le 10 août vers 16 heures, se promenant dans les bois sur les hauteurs du vallon d'Itteville, il avait aperçu une jeune fille dans les vignes. Il avait aussitôt envisagé de s'en emparer et de la dévorer. Le lieu était isolé, et les quelques ouvriers agricoles qui travaillaient dans les champs étaient très éloignés. La fillette était assise, lui tournant le dos. D'un geste brusque, il lui avait passé un mouchoir autour du cou, l'avait étranglée et s'était enfui dans les bois, sa victime sur les épaules. Mais l'enfant était morte trop tôt à son goût. De rage, il l'avait mutilée avant de fendre son corps de bas en haut pour se désaltérer de son sang encore chaud.

Combien de temps s'écoula-t-il avant qu'il ne reprenne ses esprits ? Il ne le savait plus. Mais il se rappela la honte et sa soudaine précipitation à vouloir cacher le cadavre dans la grotte où on l'avait débusqué.

Il déclara que, lorsque le garde l'avait remarqué la première fois près de la fontaine, il y était venu pour faire disparaître le sang de ses mains et de son visage, ayant déjà dissimulé sa chemise ensanglantée. La seconde fois, c'était pour échapper à ses remords. Il voulait être puni pour ce qu'il avait fait.

On le jugea à huis clos par peur de la colère populaire. On apprit à cette occasion qu'Antoine Léger avait vingt-neuf ans. Manœuvrier, faiseur de fagots, il s'était engagé pour un temps dans l'armée dans la garnison de Soissons, dans l'Aisne, avant d'être remercié. Après ce parcours chaotique, il avait vécu avec ses parents jusqu'au printemps 1820.

Condamné à mort, il fut exécuté six jours plus tard, le 30 novembre 1824, sur la place publique de Versailles.

À l'annonce de son jugement, Antoine Léger n'éprouva, selon les journalistes qui s'étaient emparés de l'affaire et l'avaient surnommé « le loup-garou de Cerny », aucune émotion particulière.

Coups de couteau au bois de Vincennes

« Je ne puis penser le motif…
J'avais la tête tellement embarrassée,
le sang me portait tellement au cerveau…
J'étais tellement agité que je ne puis
me rendre compte de ce qui s'est passé. »

Louis-Auguste Papavoine lors de son procès,
Examen médical des procès criminels […],
Dr Georget

Depuis plusieurs années, une passion unissait M. Gerbot à Henriette Charlotte Herrin. De leur liaison secrète étaient nés deux garçons, à un an d'intervalle : Charles et Auguste.

Ne pouvant les garder avec elle, Henriette Charlotte les avait mis en nourrice à Vincennes chez Mme Soudieux, épicière de profession. Ce genre de situation familiale était désapprouvé à l'époque, mais la mère aimait ses enfants et allait les visiter plusieurs fois par semaine, pour les emmener notamment au bois de Vincennes.

Le 10 octobre 1824, Henriette Charlotte prit les enfants avec elle, vers 10 h 30, pour une longue promenade en forêt. Bien que le temps fût clément, elle avait emporté un parapluie. En chemin, elle croisa la route d'une jeune femme vêtue de rose, un châle noir sur les épaules, qui admira la beauté de ses fils et demanda leur âge. Ils avaient cinq et six ans.

Quelques minutes plus tard, aux environs de midi, un homme d'une quarantaine d'années, habillé d'une redingote bleue, sortit du fossé et s'approcha d'Henriette Charlotte, qui tenait alors ses enfants par la main. Lui aussi vanta leur grande beauté. Il se pencha pour embrasser le premier, qui eut à peine le temps de crier « maman ! » que sa voix expira sur ses lèvres. L'homme venait de lui planter un couteau en plein cœur. Pendant que la mère cherchait à comprendre d'où venait la menace et s'efforçait d'une main tremblante de retenir l'enfant dans sa chute, le meurtrier se glissa derrière elle et frappa au même endroit son autre fils.

Henriette Charlotte se précipita alors sur l'assassin et lui asséna un coup de parapluie. Mais l'homme, ayant le dessus physiquement, se dégagea et prit la fuite, prenant soin dans sa hâte de dissimuler l'arme du crime dans la terre. Henriette Charlotte, entourée de ses deux enfants, hurla : « À l'assassin ! »

Non loin de cette scène terrible, un homme en redingote bleue demandait son chemin à un militaire. Il semblait pressé, jetant des coups d'œil alentour, et s'inquiétait d'avoir de possibles traces sur le visage. Alors qu'ils marchaient côte à côte, des appels à l'aide se firent entendre. Le militaire, soupçonneux, s'empara de son acolyte et le conduisit à un gendarme.

Les corps des deux garçons, entre-temps, avaient été transportés à la mairie de Vincennes. Louis-Auguste Papavoine, l'individu en redingote, y fut conduit également. Il avait quarante-deux ans, était natif de Mouy, dans l'Oise, et logeait depuis quelques jours à l'Hôtel de la Providence, à Paris.

Henriette Charlotte crut le reconnaître, sans toutefois en être certaine. Devant les corps, Papavoine n'eut en revanche pas la moindre émotion. Il clama seulement son innocence.

La dame en rose fut rapidement retrouvée, elle aussi. Elle se nommait Clotilde Malservait, vivait à Paris, rue Beauregard. Un de ses amis, attendu à Saint-Mandé pour affaires, l'avait accompagnée le matin même à Vincennes. Avant sa promenade, elle était entrée dans un café, regardant avec inquiétude en direction des vitres, selon le témoignage du cabaretier. Elle prétendit qu'elle était suivie par un homme, qu'elle reconnut dans Papavoine, et qu'elle s'était réfugiée dans ce café. Se voyant enfin seule, elle était partie se balader au bois, avant de remarquer une nouvelle fois sa présence. Toutefois, il ne l'avait pas importunée et était resté à bonne distance d'elle.

Malgré ces éléments, l'enquête s'annonçait compliquée. Clotilde Malservait et Louis-Auguste Papavoine furent incarcérés, l'une aux Madelonnettes* et l'autre à La Force, à Paris. Après plusieurs interrogatoires, on relâcha la dame en rose.

Quant à Papavoine, il n'en démordait pas : il était innocent. On le garda cependant en prison.

Quel incident le poussa à réitérer son geste sur un détenu, le 17 novembre, par trois coups de couteau, deux à l'estomac et un au visage ? Sa victime, nommée Labiey, avait à peine vingt ans. Pour toute réponse, il affirma que cela l'avait distrait, que les journées en cellule étaient longues et ennuyeuses. Dès lors, il ne chercha plus à nier le double crime du bois de Vincennes.

Mais pourquoi ce geste ? Pour quel motif ? Était-ce à mettre sur le compte de la folie ? Impossible de trancher car nous n'avons que de maigres informations sur l'individu. Après avoir exercé plusieurs emplois dans la marine,

* Le couvent des religieuses de l'ordre de Marie-Madeleine, les Madelonnettes, est devenu une prison de 1793 à 1867, dont l'entrée pourrait se situer entre le 6 et le 12 de la rue des Fontaines-du-Temple (ancienne rue des Fontaines), dans le 3e arrondissement.

Papavoine avait quitté celle-ci en 1823 pour venir en aide à sa mère, veuve depuis peu, qui connaissait de graves difficultés avec la manufacture familiale.

Papavoine ne put empêcher la faillite et, lorsqu'il souhaita retrouver son emploi dans l'administration, il essuya un refus net. Cet homme, déjà solitaire – on ne lui connaissait aucun ami, aucune aventure amoureuse –, devint de plus en plus mélancolique, taciturne, et s'enferma dans des délires de persécution. Il aurait affirmé à sa mère que son frère, décédé depuis de nombreuses années, était toujours vivant, qu'il en avait la preuve.

Se sentant accablé, il partit se reposer le 2 octobre 1824, sur les conseils de sa mère, chez des amis de la famille, à Beauvais.

Le 6, il les quitta pour se rendre à Paris : il avait rendez-vous avec un banquier pour solder une affaire. Il tua le temps par des promenades solitaires.

Quatre jours plus tard, il vit Henriette Charlotte et ses enfants à Vincennes. Leur bonheur, leur joie lui furent insupportables. Il retourna sur ses pas pour acheter un couteau chez Mme Jean, l'épicière, qui le reconnut formellement au procès, puis commit l'irréparable.

Fut-il poussé au crime ? Est-ce la famille du père des enfants qui l'engagea pour empêcher le mariage d'un riche héritier avec une femme de peu ?

Fut-ce le résultat d'une démence ? Son avocat le crut, ainsi que plusieurs médecins. Son cas est l'un des rares à avoir fait l'objet de travaux neurologiques de la part du médecin Étienne-Jean Georget, disciple des célèbres Esquirol et Pinel.

Pourtant, le comportement de Papavoine ce 10 octobre 1824 restera pour toujours un mystère.

Reconnu coupable de meurtres avec préméditation, il fut exécuté le 25 mars 1825 à Paris.

PARTIE 2

Des Trois Glorieuses au Second Empire

PLAN DE PARIS FORTIFIÉ ET
COM.NE DE S.T OUEN
CLICHY
COURBEVOIE
PUTEAUX
BATIGNOLLES
PASSY
AUTEUIL
BOULOGNE
GRENELLE
VAUGIRARD
ISSY
VANVRES
MONTROUGE
Fort d'Issy
Fort de Vanvres
Fort de Montrouge
MEUDON
COM.NE DE CLAMART
COM.NE DE CHATILLON
COM.NE DE BAGNEUX
PUBLIÉ PAR J. ANDRIVEAU-

COMMUNES ENVIRONNANTES
COM.NE D'AUBERVILLIERS
COM.NE DE BOBIGNY
LA VILLETTE
LA CHAPELLE
PANTIN
Fort de Romainville
ROMAINVILLE
PRÉ ST GERVAIS
BELLEVILLE
BAGNOLET
CHARONNE
MONTREUIL
VINCENNES
ST MANDÉ
BERCY
Esplanade
CHARENTON
ST MAURICE
Fort de Charenton
IVRY
Fort d'Ivry
COMMUNE DE VITRY
MAISONS
Bicêtre
RUE DU BAC. N° 17. PARIS

LES AFFAIRES CRIMINELLES DE LA PÉRIODE

1827-1832 — Les modèles hugoliens du crime

1834 — Quand la plume et le stylet ne font qu'un

1835 — La machine infernale s'enclenche

1857 — Crime dans la maison de Dieu

1861 — Jack l'éventreur parisien

1867 — Là où coule la Seine

1869 — Massacre à Pantin

MES DATES CLÉS

02/08/1830

Abdication de Charles X (successeur de Louis XVIII) après les journées insurrectionnelles appelée les « Trois Glorieuses ». Le 9 août, Louis-Philippe Ier devient roi des Français.

25/06/1836

À la sortie des Tuileries, Louis-Philippe échappe pour la troisième fois à une tentative d'attentat, perpétrée par Louis Alibaud avec un fusil-canne.

22/02/1848

Début de la révolution de Février qui mène à l'abdication de Louis-Philippe Ier et à l'instauration de la Deuxième République.

02/12/1851

Coup d'État de Louis-Napoléon Bonaparte (Napoléon III), jusque-là président de la République. Instauration du Second Empire quelques semaines plus tard.

19/07/1870

Déclaration de la guerre entre la France et la Prusse. Débâcle de l'armée française et emprisonnement de Napoléon III. Le 4 septembre, proclamation de la Troisième République.

Claude Gueux.

Les modèles hugoliens du crime

« L'infâme machine [la guillotine] *partira de France, nous y comptons, et, s'il plaît à Dieu, elle partira en boitant, car nous tâcherons de lui porter de rudes coups. »*

Victor Hugo,
Le Dernier Jour d'un condamné

Victor Hugo était un ardent défenseur de l'abolition de la peine de mort. Pour donner plus d'écho à ses revendications, il écrivit deux magnifiques œuvres qui dénoncent l'angoisse, l'horreur et l'inhumanité d'une telle pratique : *Le Dernier Jour d'un condamné*, publié en 1829, et *Claude Gueux*, paru en 1834.

Ces récits, souvent qualifiés de romans, sont des adaptations de deux faits divers qui émurent l'écrivain engagé que fut l'auteur des *Misérables*.

Le texte du *Dernier Jour d'un condamné* s'imposa à Victor Hugo après qu'il eut été spectateur de l'exécution du jeune Honoré-François Ulbach, le 10 septembre 1827, sur la place de l'Hôtel-de-Ville.

Cet amoureux éconduit avait assassiné celle qu'il adorait, la jeune Aimée Millot, au moyen d'un couteau de cuisine. Une histoire malheureusement banale.

Honoré-François était serveur et homme à tout faire dans une auberge, aux portes de Paris, dans la plaine d'Ivry. C'était selon certains un garçon gentil et maladroit, d'une vingtaine d'années. Chaque jour, il regardait passer une bergère qui gardait les chèvres de Mme Delrouville, propriétaire d'une ferme non loin de là. Après quelque temps, il osa lui sourire. Pour son plus grand bonheur, elle y répondit. La passion le gagna instantanément. Pour se rendre aimable, il lui offrit des cadeaux : un jour, deux oranges, un autre, une demi-bouteille de cassis, une autre fois encore, un fichu rose. Elle, en échange, lui donna un anneau. Aimée tomba elle aussi amoureuse. Elle se confia à sa patronne, mais celle-ci réagit mal à son annonce. Elle ne devait plus voir ce garçon. Il avait mauvaise réputation – travailler dans une auberge, à l'époque, n'était pas un métier honorable, et tous ces présents ne présageaient rien de bon sur ses intentions, selon elle. Aimée obéit docilement aux injonctions de Mme Delrouville et restitua à Honoré-François le cassis et le fichu rose.

Le jeune homme fut au désespoir et tenta de la convaincre. Cependant, elle tenait à sa vertu et avait pris peur à la suite des avertissements de sa patronne. Honoré-François, empli d'un immense chagrin, travailla de plus en plus mal, et l'aubergiste qui l'employait le licencia. Sans argent, il partit vivre chez un ami, rêvant toujours à Aimée, l'observant en cachette, fou d'amour – et de douleur.

Un matin du mois de mai 1827, le 25, il acheta un couteau à un ferrailleur du côté de la montagne Sainte-Geneviève – une colline de la rive gauche de Paris. Il attendit toute la journée Aimée, sous la pluie, au champ de l'Alouette*. Lorsqu'il l'aperçut enfin, vers 15 heures, rue Croulebarbe, elle était accompagnée d'une fillette. Il se précipita vers elle pour l'embrasser. Prise de panique, Aimée le repoussa à plusieurs reprises et finit par crier. Il sortit alors son arme et la poignarda à cinq reprises, sous les yeux effarés de l'enfant. Puis, sans se retourner, laissant là le corps inerte d'Aimée, il s'enfuit. La police finit par lui mettre la main dessus dans un minable garni du Palais-Royal.

Honoré-François comparut devant la cour d'assises de la Seine. Il fut condamné à mort et exécuté à 7 h 30 du matin, ce fameux matin de septembre 1827.

---

* Vaste domaine situé dans l'ouest de la vallée de la Bièvre, de part et d'autre du boulevard du Midi, dans l'actuel 13e arrondissement.

La presse s'empara du sujet : la petite bergère d'Ivry, victime d'un « crime d'amour », émut tout Paris. On lui dédia même une chanson.

Ce fait divers n'inspira pas seulement le texte de Hugo mais aussi un roman d'Octave Féré et une pièce de théâtre d'Eugène Grangé. Le dernier roman de Régine Deforges, inachevé, lui était également consacré.

Après la publication du *Dernier Jour d'un condamné*, Victor Hugo réitère : le combat pour l'abolition de la peine de mort n'est pas encore gagné. Cette fois-ci, c'est le destin de Claude Gueux qu'il fait entrer dans l'histoire littéraire.

L'homme naquit à Chassagne-Montrachet le 18 mai 1804 de parents journaliers et illettrés. La vie du garçon s'engagea très tôt sur la mauvaise pente. À quatorze ans, il fut emprisonné pour le vol d'un sac d'avoine, un an ferme. Cinq ans plus tard, alors que son père purgeait déjà une peine de prison pour vol et dette, il était de nouveau arrêté. Le jugement fut plus dur car il y avait récidive. Il écopa de cinq ans pour « vol domestique ». Après quelques mois de détention à Paris, il poursuivit sa peine à Clairvaux, dans l'Aube. Le jeune homme qu'il était devenu impressionnait par sa carrure, son physique et son autorité naturelle. Une aura qui en fit un chef. On lui donna donc des responsabilités au sein de l'établissement pénitentiaire, notamment la surveillance et la gestion des conflits. Mais dans une bagarre, un jour de 1828, il se fit trancher un doigt et menaça le directeur de la prison avec le sabre de ce dernier. Il fut envoyé au cachot, et sa peine fut prolongée d'un an.

Libéré en 1829, Gueux, qui n'avait que vingt-cinq ans, fut arrêté une fois encore. Pour quel motif ? Vol d'une jument. La sanction ? Huit ans, de nouveau à Clairvaux.

Cette fois, Claude Gueux partagea sa cellule avec un jeune homme, dénommé Albin Legrand. À l'atelier, ils travaillaient ensemble. Ils tombèrent éperdument amoureux. Le directeur, M. Delacelle, mis au courant de leur passion, vit cette relation d'un mauvais œil. Il fit changer Gueux de cellule et le transféra dans un autre atelier. Gueux se plaignit, fit maintes requêtes, mais on les rejeta toutes. La douleur, la frustration et la colère qu'il ressentait face à l'absence de son amant le poussèrent à agir contre le directeur.

Un matin de novembre 1831, il prit une hache dans l'atelier de menuiserie et une paire de ciseaux. Vers 19 heures, alors que le directeur et les gardiens entraient dans l'atelier, l'amoureux fit une nouvelle demande à son bourreau. Celui-ci ne prit pas la peine de lui répondre et tourna les talons. La haine envahit Gueux, qui se saisit de l'arme et le frappa à cinq reprises au crâne, au visage et à la cuisse droite. L'homme, sous la violence des coups, s'écroula au sol.

Gueux prit alors les ciseaux qu'il avait glissés dans sa poche et se poignarda à plusieurs reprises, devant les autres détenus médusés. Puis il s'effondra sur le cadavre de Delacelle.

Hospitalisé à l'hôtel-Dieu de Troyes, Gueux survécut.

Son procès s'ouvrit le 16 mars 1832. Il tenta de se défendre, évoqua le harcèlement du directeur, son déchirement de quitter Albin ; mais les autres détenus interrogés ne l'aidèrent pas, pas même Albin. Claude Gueux fut donc seul à défendre sa légitimité à tuer son tyran. Il fut condamné à mort et exécuté le 1er juin, à 8 heures du matin, place du marché à Troyes.

Avant de monter sur l'échafaud, il enlaça le prêtre et donna cinq francs pour les religieuses de l'hôtel-Dieu en remerciement pour leurs bons soins.

Victor Hugo fut durablement marqué par le sort tragique de cet homme. L'œuvre *Claude Gueux*, qui lui fait directement honneur, en est une preuve évidente, mais on peut évoquer également le poème « Melancholia », dans *Les Contemplations*, ou le personnage de Jean Valjean dans *Les Misérables*, qui reprennent des éléments de la vie de ce malheureux condamné.

Quand la plume et le stylet ne font qu'un

« Assassin, j'ai compris que j'avais établi entre l'échafaud et moi un lien, un contrat, que ma vie n'était plus à moi, que je n'aurai pu, par exemple, en disposer par le suicide, qu'elle appartenait à la loi et au bourreau. »

Pierre François Lacenaire,
avant son procès

Pierre François Lacenaire ne fut pas un homme comme les autres. Si ses méfaits n'eurent rien d'original, la personnalité de l'individu, elle, marqua considérablement son temps et l'histoire du crime.

Né en 1803, ce quatrième enfant et deuxième fils d'un riche négociant lyonnais avait commencé de brillantes études. Mais, comme il se montrait peu discipliné, il fut renvoyé de plusieurs établissements. Mis en apprentissage chez un fabricant de soieries pendant un temps, il reprit sa scolarité au collège de Chambéry.

Les accusations qu'il porta à l'encontre d'un prêtre un peu trop attentif aux jeunes garçons le firent renvoyer. Il fut alors placé chez un avoué de Lyon. Mais l'adolescent rêvait de littérature, se voyait écrivain, voulait faire carrière. Alors il quitta l'avoué, puis Lyon. L'armée lui parut une porte de sortie acceptable ; il s'engagea mais finit par déserter, n'y trouvant pas son compte.

Enfin, il s'installa à Paris, la ville des possibles. Jeune homme, il se disait républicain. L'action de ces derniers était souvent violente. Il adhéra au parti, se révélant dans cette brutalité, tuant en duel le neveu de Benjamin Constant. Arrêté, il fut condamné à un an de prison, qu'il effectua à Bicêtre puis à Poissy. Libéré, il reprit son travail d'écriture commencé en prison et, pour gagner sa vie, se fit écrivain public chez un avoué du palais de justice. Mais l'homme qu'il était devenu avait des besoins pécuniaires plus importants. Alors il vola.

Le 27 mars 1833, il était arrêté pour cambriolage. Il fut condamné à treize mois de prison, qu'il passa à La Force. Là, il rencontra un futur acolyte, rédacteur de la feuille républicaine *Le Bon Sens*, qui lui proposa de publier ses textes. Libéré, il fut de nouveau incarcéré à la suite d'une manifestation organisée contre la politique de Louis-Philippe. Et il retrouva les cellules de Poissy, où il écrivit des chansons qui parurent dans un autre journal républicain à Lyon, *La Glaneuse*. Surtout, il mit un point final à l'article

« Les prisons et le régime pénitentiaire », qui, s'il ne se vendit pas beaucoup, fit parler.

Mais depuis sa libération, le 12 août 1834, et malgré ses efforts pour vivre de sa plume en collaborant notamment au *Bon Sens*, par manque d'argent, ou par goût, il recommença à voler. Ses tentatives furent cependant peu glorieuses. Il essaya à plusieurs reprises de détrousser des garçons de recettes, sans résultat. Retrouvant un soir un de ses complices, Victor Avril, dans une taverne, il décida avec lui de faire un mauvais coup à « tante Madeleine », Jean-François Chardon, surnommé de la sorte pour ses préférences sexuelles.

Celui-ci passait sa vie, déguisé en prêtre, à voler les aumônes dans les églises. Son appartement était situé tout près de là, rue Saint-Martin. Ils allèrent frapper à sa porte. Chardon leur ouvrit, les accueillit avec chaleur. « Ah, mes chers amis », aurait-il lancé avant de les faire entrer. La porte refermée, Lacenaire se retourna et dégaina son arme, un stylet, qu'il lui enfonça dans le ventre. Puis il frappa plus haut, vers la gorge. Il raconta que le sang avait coulé le long de ses bras, qu'il avait pris un plaisir fou à tuer. Observer le regard de sa victime, l'entendre hurler de douleur, puis tomber à genoux, s'écroulant sur le sol, l'avait exalté. Il l'acheva à la hache. Laissant à Avril le soin de terminer le travail, il passa dans la chambre d'à côté, où se trouvait la mère de Chardon, réveillée par le bruit et les cris de son fils. Son tire-point toujours à la main, il se serait jeté sur la vieille dame. La prise était facile, la femme était impotente. Il frappa à sept reprises, avec le même plaisir, dira-t-il.

Les deux acolytes cherchèrent leur récompense. Ils fouillèrent l'appartement mais n'y trouvèrent qu'un maigre butin. Si Avril était déçu, Lacenaire ne l'était pas. Il avait goûté au sang.

Ce fut pour une vulgaire escroquerie qu'il fut arrêté quelques jours plus tard à Beaune. Déféré à la prison de La Force, il avoua fièrement tous ses crimes.

L'affaire étonna, mais le prisonnier, encore plus. Avocats, médecins et journalistes s'intéressèrent à lui. Lors de son procès, l'auditoire fut subjugué par son cynisme, qui scandalisa autant qu'il impressionna. C'était son heure de gloire, et il était hors de question de ne pas être au rendez-vous.

Il s'enorgueillissait de ses crimes, affichant un mépris assumé envers ses victimes mais aussi envers ses complices. Pour ses actes, il requérait, avec le plus grand calme, et là sans ironie aucune, la peine de mort !

En quelques jours, l'obscur poète s'était fait un nom en se forgeant une identité de criminel redoutable. Pas de douleur morale, ni de remords, mais une grande tranquillité. Emprisonné à la Conciergerie, il lisait les journaux, rédigeait des lettres, faisait aussi salon, recevant tout ce qu'on comptait dans Paris de curieux désireux d'approcher une telle créature. On y parlait histoire, poésie et métaphysique. Il imposa un nouveau genre : l'assassin philosophe.

Mais son coup de maître fut la rédaction de ses mémoires, qu'il entendait léguer à la postérité.

Sa mort, le 9 janvier 1836, à la barrière Saint-Jacques, ne mit pas fin à sa légende. Ses mémoires bénéficièrent d'un écho exceptionnel. Attendu, le texte fut commenté, critiqué. Il expliqua aussi l'attitude de Lacenaire au tribunal.

Le crime, même médiocre, lui avait finalement donné ce qu'il attendait : une reconnaissance littéraire. L'assassin avait écrit lui-même sa légende, chargée de perpétuer son souvenir.

Et là tient le génie de cet homme : il s'était constitué auteur de son propre destin et avait fait de l'infamie une œuvre !

La machine infernale s'enclenche

« Quel dommage que je n'aie pas été blessé, j'aurais pu faire grâce ! »

Louis-Philippe Ier,
après l'attentat de Fieschi, le 28 juillet 1835,
Le Roi Louis-Philippe, vie anecdotique, 1773-1850,
marquis de Flers

28 juillet 1835. Le roi des Français, Louis-Philippe Ier, monté sur le trône de France après une révolution de trois jours à l'été 1830, se préparait à passer en revue la garde nationale et à fêter ses cinq premières années de règne, malgré les rumeurs d'attentat. Il quitta les Tuileries vers 10 heures,

à cheval, en compagnie de ses fils, les ducs d'Orléans, de Nemours et le prince de Joinville. Son épouse, la reine Marie-Amélie de Bourbon-Siciles, les accompagnait, dans un carrosse. Le maréchal Mortier chevauchait en tête de cortège, suivi par les ministres Broglie et Thiers ainsi que d'autres maréchaux et officiers. La foule se pressait et attendait le long du chemin depuis des heures, les dames avaient pris leur siège, des paniers garnis de victuailles à leurs pieds. Les hommes, debout, leur faisaient la conversation. Aux fenêtres, d'autres s'impatientaient du retard, curieux tout de même d'apercevoir leur souverain. Celui-ci arriva un peu avant midi place de la Bastille puis emprunta le faubourg du Temple.

Vers 12 h 15, le roi était à la hauteur du Café turc lorsqu'une déflagration d'une violence inouïe surprit participants et spectateurs. Des branches d'arbres avaient été arrachées, les vitres des maisons alentour avaient volé en éclats et des hommes du cortège gisaient au sol. Puis vint une seconde explosion, moins forte. Les regards se portèrent sur le n° 50 du boulevard du Temple, en particulier au 3e étage d'où sortait par une fenêtre une immense fumée grise. Certains se précipitèrent auprès du roi. Celui-ci n'avait pas été blessé, même si une balle lui avait frôlé la tête, laissant sur son front une longue traînée noire ; ses fils étaient indemnes, comme son épouse et ses ministres ; plusieurs de ses officiers étaient blessés, certains très grièvement. D'autres s'engouffrèrent dans la maison.

La porte de l'appartement du 3e étage fut forcée. Un homme était étendu par terre, le front ouvert, le flanc sanguinolent. À côté de lui, une étrange machine de facture artisanale ressemblait vaguement à celle utilisée en décembre 1800 contre Napoléon Bonaparte, rue Saint-Nicaise ; une machine infernale qui, si elle avait fait des dégâts considérables dans la rue et aux alentours, n'avait pas épargné non plus son utilisateur.

On rechercha immédiatement les possibles complices. La maison avait plusieurs sorties, mais elle avait été désertée. Au Café turc, la salle de billard servit à entreposer les blessés et les cadavres. Le maréchal Mortier était de ceux-là. L'identité du blessé du 50, boulevard du Temple fut rapidement découverte.

L'homme se nommait Giuseppe Fieschi. Né en Corse en 1790 dans une famille de paysans, il avait eu une enfance pauvre, ponctuée de drames familiaux. Son père, contraint de voler pour nourrir sa famille, fut jeté dans une prison alpine, où il décéda quelques années plus tard. Quant à son frère aîné, il périt au milieu de tant d'autres sur les champs de bataille napoléoniens. Pour échapper à la misère, Giuseppe s'engagea dans l'armée. Mais la fin des campagnes impériales et la chute de l'Empire en 1815 obligèrent Fieschi à trouver ailleurs de quoi vivre. De retour en Corse en 1819, sa mère décédée, il se retrouve sans ressources. Pour le vol d'un bovin et la falsification de documents de propriété à Bastia, Fieschi fut incarcéré dans la même prison que son père et travailla plusieurs mois dans l'atelier de draperie, emploi qu'il reprit à sa sortie de prison, sept ans plus tard. Grâce à la révolution de juillet 1830, et à la loi d'amnistie générale du 26 août qui réhabilitait les anciens prisonniers politiques condamnés sous la Restauration, il revendiqua le grade de sous-lieutenant, en présentant sa condamnation sous les Bourbons comme une condamnation politique. Finalement, il réintégra l'armée avec un grade inférieur de sergent et fut affecté à la maison de détention des sous-officiers vétérans de Poissy. Son rôle d'instructeur à la baïonnette au gymnase militaire attira l'attention d'un certain Lavocat, ancien condamné et sous-lieutenant de la garde impériale, impliqué dans plusieurs complots contre la monarchie.

Parallèlement, le gouvernement, par l'intermédiaire du préfet de police Baude, lui offrit d'infiltrer les sociétés républicaines. Bientôt, Fieschi renseigna autant les monarchistes que les bonapartistes, tout en sympathisant avec les républicains. Un rôle qu'il tint pendant trois ans jusqu'au départ du préfet. Le manque d'action et l'insatisfaction liée à sa place dans la société agirent sur son moral. Il but davantage, fréquenta de plus en plus régulièrement les tripots et perdit bientôt son emploi. En 1835, lorsque des républicains lui proposèrent de participer à un attentat contre Louis-Philippe, moyennant une bonne somme d'argent, il accepta, moins par conviction que par nécessité pécuniaire.

C'est ainsi qu'il se retrouva au 50, boulevard du Temple le 28 juillet, avec la machine infernale faite de 23 vieux canons de fusil, dont il n'était pas l'inventeur, avec la ferme intention d'assassiner le roi Louis-Philippe.

Après quelques jours d'interrogatoire, il donna les noms de ses commanditaires : Théodore Pépin, créateur de la machine, ainsi que Pierre Morey.

Les procès s'ouvrirent le 30 janvier 1836. Après quinze jours, tout était terminé. Son avocat, Gustave Chaix d'Est-Ange, ne put lui éviter l'exécution des parricides, la plus humiliante peine de mort, le condamné ayant la tête voilée d'un drap noir.

Quatre jours plus tard, le 19 février, avec ses compagnons Morey et Pépin, Giuseppe Fieschi montait les marches qui les conduiraient au trépas.

Ce n'était pas le premier attentat perpétré contre Louis-Philippe. Mais celui-là servit de prétexte au pouvoir pour renforcer les lois contre tout opposant au régime en place. Elles furent votées dès le mois de septembre suivant et furent surnommées les « lois infernales », du nom de la machine qui les avait suscitées.

Crime dans la maison de Dieu

« J'ai faim et ils ne m'ont pas donné à manger : j'ai froid et ils ne m'ont pas vêtu. »

Écriteau porté par Jean-Louis Verger le 3 février 1856, devant l'église de la Madeleine à Paris

Le 3 janvier 1857, jour de l'ouverture de la neuvaine* consacrée à sainte Geneviève (patronne de Paris depuis près de dix siècles et sainte protectrice de la France et de l'Empire depuis l'avènement de Napoléon III), Mgr Sibour, archevêque de Paris, était assassiné à l'église de Saint-Étienne-du-Mont, où étaient conservées les reliques de la sainte.

* Acte rituel (souvent sous forme de prière) par lequel on s'adresse à une divinité ou à ses intercesseurs.

Il ne s'agissait pas d'un crime crapuleux, lié à des relations interlopes de l'homme d'Église, mais d'un acte de foi, selon les dires de son auteur, Jean-Louis Verger.

Ce catholique, né le 20 août 1826 à Neuilly, avait suivi de bonnes études, prolongées au séminaire de Saint-Nicolas-du-Chardonnet. Mais ses relations avec la hiérarchie ecclésiastique devinrent de plus en plus conflictuelles à mesure que les années passèrent.

Ses difficultés financières n'arrangèrent rien. Il vivait dans la misère, avait des dettes et maudissait cette Église qu'il jugeait avare. Il mendia un prêt auprès d'ecclésiastiques puissants. Devant leur refus, il les calomnia ouvertement, déversant sa colère dans des écrits, allant jusqu'à exprimer sa haine contre le pape Pie IX. Il fut interdit de sacrements, premier pas vers l'excommunication.

Si la hiérarchie était allée si loin, c'est aussi que Verger avait ouvertement dénoncé le thème de l'Immaculée Conception, que ce même pape Pie IX avait érigé en dogme. L'idée que la mère de Jésus-Christ avait été elle-même un enfant miraculeux était ancienne. Elle avait été évoquée par les Pères de l'Église dès le IVe siècle et était une évidence pour tous les catholiques depuis le XIIe siècle. Si luthériens et calvinistes la refusaient, elle avait été largement soutenue par le pouvoir royal en France. Qu'elle devienne un dogme en 1854 entérinait une affaire entendue depuis longtemps. Cela choqua cependant Verger, qui, le 22 décembre 1856, écrivait à son père une lettre pleine de douleur et de solitude.

« Je ne crois pas à l'Immaculée Conception. J'ai prêché un dimanche contre cette nouvelle invention. Mon évêque, pour la cinquième fois, m'a condamné à mort. Que voulez-vous que je fasse jamais avec des hommes qui, pour ne pas servir leurs dévotions exagérées, me jettent à chaque instant sur le pavé [...]. J'ai demandé à mon évêque de me rendre toute ma liberté, et de me délier de toute obligation de prêtre. Il m'a tout accordé. Je trouve aujourd'hui un mariage avantageux. Je vous prie de m'accorder votre consentement légal. »

Sur ce dernier point, Verger mentait. Il n'avait trouvé aucune femme à épouser. Il avait un autre projet : se venger... La colère allait s'exprimer par le sang coulé, car il fallait frapper fort, pensait-il, pour se faire entendre.

Le 3 janvier 1857, donc, il avait revêtu une tenue civile discrète, s'était couvert d'un chapeau et d'une redingote noire. Il n'avait pas oublié de prendre avec lui ce couteau espagnol, un *navaja*, qui lui servait ordinairement de coupe-papier. Oui, c'était décidé, aujourd'hui, il tuerait le plus haut représentant local du pape, l'archevêque de Paris. Il était 15 h 30. D'un pas rapide, il s'était dirigé vers le Panthéon. Il s'était alors mêlé à la foule et faufilé pour prendre place dans l'église Saint-Étienne-du-Mont. Devant l'autel, il aperçut sa future victime, entourée de l'abbé Dufour et du grand vicaire, cheminant paisiblement pour donner sa bénédiction. Selon un rituel précis, la procession parcourait les bas-côtés de l'église, puis s'engageait dans la nef pour atteindre le chœur. Les fidèles s'étaient agenouillés.

Lorsque Mgr Sibour arriva à la hauteur de Verger, celui-ci saisit son poignard, s'élança sur sa cible. D'un geste, il écarta les deux hommes qui entouraient l'archevêque. Il lui prit la manche et lui transperça la poitrine, touchant le poumon, lui faisant exploser le cœur, tout en hurlant : « Pas de déesses ! » La foule des fidèles fut d'abord saisie de stupeur, puis rapidement Verger fut encerclé et maîtrisé, alors que le corps de Mgr Sibour était conduit à la sacristie. Verger ne chercha pas à fuir. Il avait fait ce qu'il croyait être son devoir. Au sortir de l'église, il fut roué de coups, insulté. Au commissariat, il avoua tout sans difficulté.

Son procès s'ouvrit sur-le-champ. Le pouvoir impérial ne pouvait admettre que l'on attaquât frontalement la religion sur laquelle il prenait toujours appui. Le 17 janvier 1857, Verger était condamné à mort. Le 30 du même mois, il était exécuté.

Une plaque scellée à l'entrée de la nef de l'église Saint-Étienne-du-Mont commémore le meurtre. Le peintre Pierre Eugène Maison a exécuté pour mémoire une *Apothéose de sainte Geneviève* où la sainte est accueillie au ciel par Dieu le Père, entourée des deux saints emblématiques de la France monarchique, saint Denis et saint Martin. Aux pieds de Geneviève sont agenouillés deux archevêques de Paris,

Mgr Affre, victime des émeutes de la révolution de 1848, et Mgr Sibour, assassiné par un homme qui n'avait plus d'espoir dans la religion catholique et qui refusait le chemin qu'elle semblait prendre.

Est-ce un hasard si, un an plus tard, le 25 mars 1858, Bernadette Soubirous voyait la Vierge dans la grotte de Massabielle, qui lui aurait dit : « *Que sòi era Immaculada Concepcion** », et si cette même grotte devint si rapidement un lieu de pèlerinage dédié à la Vierge ?

---

* « Je suis l'Immaculée Conception » en patois bigourdan.

Louis Philippe à 3 ans. Rien ne semble indiquer que ce beau bébé devait un jour devenir un criminel notoire ayant plusieurs morts sur la conscience.

Un Louis-Joseph Philippe défraya aussi la chronique au siècle dernier. Il eut à son tragique tableau dix victimes ; principalement des prostituées.

Jack l'éventreur parisien

« Né sous une mauvaise étoile. »

Phrase tatouée sur l'avant-bras
de Louis-Joseph Philippe

Vingt ans avant Jack l'éventreur, Paris connaissait une vague de meurtres de prostituées d'une violence extrême.

Les premiers crimes débutèrent en 1861, rue Sainte-Marguerite – devenue rue Trousseau –, dans le 2e arrondissement. Leurs similarités laissent supposer qu'ils sont l'œuvre d'une seule personne, mais il fallut attendre la septième victime pour en savoir un peu plus sur le criminel. Les renseignements obtenus grâce à de nombreux témoins étaient jusque-là trop imprécis pour aider les enquêteurs : un homme brun, de taille moyenne, aux yeux sombres... Voilà le peu d'éléments dont la police disposait. Une prostituée qui travaillait près de la Bourse affirma qu'elle l'avait croisé dans un café du quartier et qu'il avait dit : « J'aime bien les filles, je les arrange comme il faut. Je leur coupe le cou et je reprends mon argent. Vous entendrez parler de moi, je suis promis à la guillotine. » Elle l'avait pris pour un fou.

Celui qui sema la terreur dans les lieux chauds de la capitale fit sa première erreur à la fin de l'année 1864, trois ans après avoir déjà fait de nombreuses victimes.

Dans la nuit du 5 au 6 novembre, il choisit une fille « à son goût » et monta avec elle. Dans la chambre de celle-ci, au pied du lit, dormait un tout jeune garçon. Une fois leur affaire faite, l'homme sortit son couteau au lieu de son argent, se jeta sur elle et la taillada. Blessée à la gorge, elle parvint toutefois jusqu'à la fenêtre, l'ouvrit et cria. Des ouvriers qui passaient dans la rue la crurent soûle et passèrent leur chemin. Au même moment, l'homme s'était emparé de l'enfant, qui, réveillé par l'agitation, hurlait à pleins poumons. Pour le faire taire, il planta la lame déjà rougie du sang de sa mère dans sa bouche grande ouverte, puis s'acharna sur son petit corps avant de reprendre son ouvrage sur celui de la jeune femme.

Sa besogne achevée, il mit à sac l'appartement, en quête d'argent, puis se lava les mains et rentra chez lui. Il venait d'assassiner sa huitième victime.

On n'entendit plus parler de meurtres de prostituées après cela. L'accalmie dura plus d'un an et la police crut l'affaire réglée.

Mais, le 11 janvier 1866, l'homme reprit son couteau ; il décida cette fois d'innover, ce qui le perdit. Il délaissa les prostituées pour une femme artiste qui lui avait récemment livré des toiles. Elle logeait au-dessus d'un commissariat de police – ironie du sort – et près de l'église de la Madeleine. Lorsqu'elle lui ouvrit la porte, il fondit sur elle et tenta de l'étouffer. Elle se débattit avec fureur. Le bruit attira l'attention des voisins, qui vinrent aux nouvelles.

Délaissant sa victime, l'homme sortit de l'appartement calmement, répondant aux interrogations des gens de l'immeuble : « Ce n'est rien, elle est malade. » Mais l'artiste retrouva son souffle et par la fenêtre grande ouverte cria : « Arrêtez-le ! » Les passants l'interpellèrent et le livrèrent à la police.

Le meurtrier des prostituées de Paris avait enfin un nom : Louis-Joseph Philippe, né en 1831. Il avait trente-cinq ans et était originaire de Villeminfroy en Haute-Saône. Après avoir fait un court séjour dans l'armée, au bataillon d'Afrique, il s'était installé à Paris et avait vécu de divers petits emplois, dont il était souvent renvoyé pour ivrognerie. Il avoua tous ses crimes, ne regrettant rien.

Après un rapide procès, il fut condamné à mort et guillotiné le 24 juillet 1866 à 6 heures devant les prisons de la Roquette*, à Paris.

L'une des témoins, en 1864, avait prétendu que Philippe avait un tatouage sur le bras. Effectivement, il s'agissait d'une phrase qui semble-t-il résumait sa vie : « Né sous une mauvaise étoile ».

---

* Établissements pénitentiaires situés dans le 2e arrondissement, de part et d'autre de la rue de la Roquette. Le square de la Roquette occupe aujourd'hui l'emplacement de la Petite Roquette.

Avinain.

Là où coule la Seine

« Messieurs, n'avouez jamais !
N'avouez jamais ! »

Jean-Charles-Alphonse Avinain

Il n'y a pas d'âge pour tuer. Jean-Charles-Alphonse Avinain le démontra. Cet homme à la stature imposante commit, à plus de soixante-dix ans, les crimes les plus redoutables.

Né à Torcy en 1798, il n'avait que seize ans lorsqu'il prit les armes pour s'opposer à l'alliance anglo-russo-autrichienne, bien décidée à chasser définitivement d'Europe Napoléon Ier. Une carrière dans l'armée qu'il poursuivit ensuite, sous le règne de Louis XVIII, s'illustrant en 1823 en Espagne pour aider Ferdinand VII à recouvrer son trône.

Lassé de la guerre, il revint à la vie civile et se fit boucher. Mais l'argent manquait, l'action aussi, peut-être. Alors il commença à voler ; peut-être s'y était-il exercé durant sa carrière militaire. Arrêté et condamné à plus de six reprises, il reprenait ses activités illicites dès qu'il était libéré. Dans les années 1830, et alors qu'il purgeait une longue peine à la prison de Melun, il aida aux autopsies et apprit ainsi la dissection. Des connaissances qui lui servirent plus tard...

Il réussit tout de même, entre deux incarcérations, à se marier et à avoir un enfant. Cependant, à chaque nouvelle condamnation, ses peines s'allongeaient un peu plus. La dernière le conduisit au bagne de l'île du Diable où il resta dix-huit ans. Il en sortit en 1867 ; il avait presque soixante-neuf ans. Mais que faire à cet âge, dans un foyer modeste avec une femme et une fille non mariée qu'il connaissait si peu ?

Il entreprit de se lancer dans le commerce du fourrage. Mais avec quel argent ? Il prétendit qu'il avait économisé quelques sous à Cayenne et qu'il avait surtout trouvé un trésor, laissé par une personne haut placée : 1 700 francs.

Rien n'était vrai. Mais la loi française offrait alors quelques avantages à ceux qui débutaient dans le commerce : le bail provisoire. Il était possible de louer un local pendant quelques semaines sans payer de loyer, le temps de débuter ses activités.

Le projet de Jean-Charles-Alphonse Avinain était simple : attirer un vendeur avec sa marchandise dans son local, le dépouiller, le tuer, revendre le butin et s'en aller sans dépenser un franc.

La première tentative se fit au marché de Charenton. La « boutique » se situait dans un coin de Paris encore peu construit et habité, la cité Godot de Mauroy – l'actuelle rue du Boccador –, dans le 8e arrondissement. Mais le vendeur fut méfiant et ne se présenta finalement pas. Qu'importe, Avinain recommença ailleurs. Le 16 mars 1867, il prétendit acheter au marché de la Chapelle un gros chargement de foin et de paille à un jeune homme, tout heureux d'une si belle affaire. Il se nommait Isidore Vincent et accepta de se rendre à son nouvel entrepôt. Qu'avait-il à craindre d'un homme aussi âgé ?

Avinain ne lui laissa pas le temps de réagir, le tua et découpa son corps en morceaux, qu'il jeta dans la Seine. Quant au foin et à la paille, il les revendit aussitôt. Le 19 mars, des pêcheurs tiraient de leurs filets un tronc humain.

Le 26 juin de la même année, Avinain récidivait, sur le même marché et avec le même procédé. Cette fois, la victime avait presque son âge : M. Duguet, agriculteur à Longperrier, en Seine-et-Marne. Ils sympathisèrent et passèrent la journée ensemble. Le vieil homme, vu l'heure tardive, accepta l'hospitalité d'Avinain. Il fut tué pendant son sommeil de 17 coups de couteau.

Deux jours plus tard, près de Saint-Ouen, on vit flotter des bras et des jambes dans la Seine.

L'erreur d'Avinain fut peut-être sa précipitation et son désir d'argent. Il avait revendu trop vite la charrette et le cheval blanc du paysan. Mais comment refuser 40 francs pour l'une et 400 pour l'autre ?

La police intervint et préleva des traces de sang humain dans le local d'Avinain. On lui promit la grâce impériale s'il avouait. Il céda.

Arrêté, il fut jugé le 26 octobre 1867, après trois jours de procès. Il ne s'attendait pas à une telle sentence : la mort. Le 28 octobre, il était exécuté devant la prison de la Roquette.

La légende dit que, montant à l'échafaud, il aurait crié à la foule venue le regarder mourir, fou de colère : « Messieurs, n'avouez jamais ! N'avouez jamais ! » Plus que par ses crimes, ce fut par cette phrase qu'Avinain entra dans l'histoire.

Troisième année. — N° 105. Un numéro : 10 Centimes. 23 janvier 1870.

RÉDACTEUR EN CHEF
F. POLO

ABONNEMENTS
PARIS
Un an. . . . . 5 fr. »
Six mois. . . . . . . 3 »
Trois mois. 1 50

Rue du Croissant, 16

L'ÉCLIPSE

DIRECTEUR
F. POLO

ABONNEMENTS
DÉPARTEMENTS
Un an. . . . . 6 fr. »
Six mois. 3 50
Trois mois. . . . . 2 »

Rue du Croissant, 16

TROPPMANN, PAR GILL

Massacre à Pantin

« [...] en assistant avec une gravité feinte
à l'assassinat d'un être semblable à nous,
nous jouions une comédie illégale et abominable. »

Ivan Tourgueniev,
L'Exécution de Troppmann

Ce fait divers fut le plus retentissant de tout le XIXe siècle, pourtant peu avare en crimes monstrueux. Les journalistes se passionnèrent pour cette affaire et créèrent chez les Parisiens un engouement morbide pour l'assassin et le lieu du crime, que l'on avait rarement observé. Pourtant, par bien des aspects, nombre de mystères demeurent.

Le 20 septembre 1869, le cultivateur Jean Langlois se rendait sur ses terres à proximité de la gare de Pantin, en région parisienne, région encore fortement agricole, pauvre et malfamée, où le taux de criminalité était plus élevé qu'à Paris. Sur ses terres, il repéra une tache sombre qui s'avéra être une mare de sang. Tout près, dans une jachère fraîchement labourée, émergeait une main de femme. La police fut dépêchée sur les lieux. On dégagea le corps de la femme, qui avait été bardé de coups de couteau. Étrangement, ses bijoux et son argent étaient toujours là. Il ne s'agissait donc pas d'un crime commis par cupidité. Près d'elle furent trouvés d'autres corps, plus petits, ceux d'une fillette d'environ deux ans et de quatre garçons entre huit et seize ans. On identifia rapidement les corps. Le propriétaire de l'Hôtel du Chemin de fer du Nord les avait reconnus. Il s'agissait de Mme Kinck et de cinq de ses enfants. Ils étaient arrivés la veille de Roubaix et étaient repartis le soir même pour un rendez-vous. M. Kinck et son fils aîné, quant à eux, restèrent introuvables pendant plusieurs jours. Les soupçons se portèrent évidemment sur ces derniers.

Trois jours plus tard, au Havre, alors qu'il venait se renseigner sur les voyages pour l'Amérique, un jeune homme de dix-neuf ans se faisait arrêter dans une auberge avec les papiers du fils aîné Kinck, Gustave. Dans ses effets, il avait également une grosse somme d'argent en titres, portant la signature du père, Jean Kinck. Conduit au poste, ce jeune homme fut finalement identifié comme Jean-Baptiste Troppmann, mécanicien à Cernay, village d'Alsace. L'affaire prenait un bien étrange tour. D'autant que, le

26 septembre, on retrouva le cadavre de Gustave dans le champ de Langlois, à plusieurs dizaines de mètres des autres.

Troppmann fut conduit à Paris et enfermé dans la prison de Mazas*.

Après plusieurs semaines d'interrogatoires, le 25 novembre, le prévenu avouait enfin le meurtre du père. Il l'avait tué dans la forêt près de Cernay, à proximité des ruines du château du Herrenfluh, dans le Haut-Rhin.

Le procès s'ouvrit le 28 décembre 1869. Le 30 du même mois, le jeune homme était condamné à mort. Il fut guillotiné le 19 janvier 1870, devant une foule immense et hétéroclite. Plusieurs personnalités de la littérature étaient aux premières loges, parmi lesquelles Alexandre Dumas, Maxime Du Camp, Victorien Sardou et Ivan Tourgueniev.

Car cette affaire avait passionné les Parisiens et les Français. La presse en avait fait ses choux gras, allant même jusqu'à publier des gravures des enfants morts. Très rapidement, le lieu où les cadavres avaient été enterrés devint un point de rencontre : on y organisait des chasses aux indices, on y vendait de la limonade et du Coco de Calabre, et l'on

* Construite entre 1845 et 1850, et détruite en 1898, la prison de Mazas, située près de la gare de Lyon, dans le 12e arrondissement, est la première prison à reposer exclusivement sur un enfermement en cellule ; elle reçoit les prisonniers de l'ancienne La Force.

en repartait avec un souvenir : un peu de terre ensanglantée, des morceaux d'étoffe ou des boutons de chemise ayant appartenu aux victimes. L'horreur de la découverte avait cédé la place à une curiosité malsaine et au goût du morbide.

Malgré cette passion discutable pour l'affaire, de multiples questions demeuraient.

La justice opta pour le scénario le plus simple. Jean-Baptiste Troppmann avait monté une affaire avec le père Kinck, mais son besoin d'argent et son désir d'Amérique l'avaient poussé à assassiner son associé à la fin août. À Paris, il se serait arrangé avec Gustave pour avoir les titres avant de le tuer. Ne voulant pas partir en laissant des personnes susceptibles de l'identifier, il avait fait venir le reste de la famille sous un prétexte fallacieux et les avait tous éliminés. Et c'était donc avant son départ pour l'Amérique qu'il avait été pris.

Jean-Baptiste Troppmann n'avait pourtant cessé de prétendre qu'il avait eu des complices. Au procès, plusieurs témoins affirmèrent avoir vu le prévenu en compagnie d'un ou deux hommes. D'ailleurs, comment Troppmann, qui était de petite taille – 1,62 m –, serait-il parvenu à tuer à lui seul six personnes ? L'autopsie des cadavres avait montré un véritable acharnement sur les corps. Cependant, le juge Thévenin ne retint aucun de ces témoignages. Il ne fit pas cas non plus des lettres de menaces, anonymes, que Troppmann reçut en prison. Il oublia enfin la déposition de Mme Brunel, caviste boulevard Magenta, qui affirma que, le jour où l'accusé était parti pour Le Havre, il était entré dans sa boutique avec un autre jeune homme.

Sans toutefois avoir de preuves solides, la presse tenta de combler les blancs de cette histoire. Car, outre les chansons et autres poèmes rédigés sur l'instant, pleurant les souffrances des victimes, la France continuait de se passionner pour l'affaire. Et si tout cela était une affaire politique ? Le témoignage d'un aubergiste de Colmar, Louis Augustin Jonnel, fut pris très au sérieux par les journalistes. Il affirmait que le père de Jean-Baptiste Troppmann avait dîné chez lui le 5 septembre avec un homme de mauvaise réputation, Georges Augustin. Troppmann père était l'inventeur d'un nouveau système de canon : la mitrailleuse. Il avait élaboré son invention avec l'aide de Jean Kinck.

Le père Troppmann avait-il cherché à vendre le brevet de son invention à un pays étranger à la veille d'une guerre à laquelle la France allait participer ? Joseph Troppmann ne pouvait avoir tué son acolyte, puisqu'il était alors dans le duché de Boden. Mais son fils ? Et celui-ci n'aurait jamais dénoncé son père ? Conclure que ce crime avait été commis par cupidité et non par idéologie arrangeait finalement tout le monde : le gouvernement français, Jean-Baptiste Troppmann et ses complices. On en resta là.

PARTIE 3

De la Commune à la Troisième République

Dressé par A. Vuillemin

NOUVEAU PLAN COMPLET ILLUS

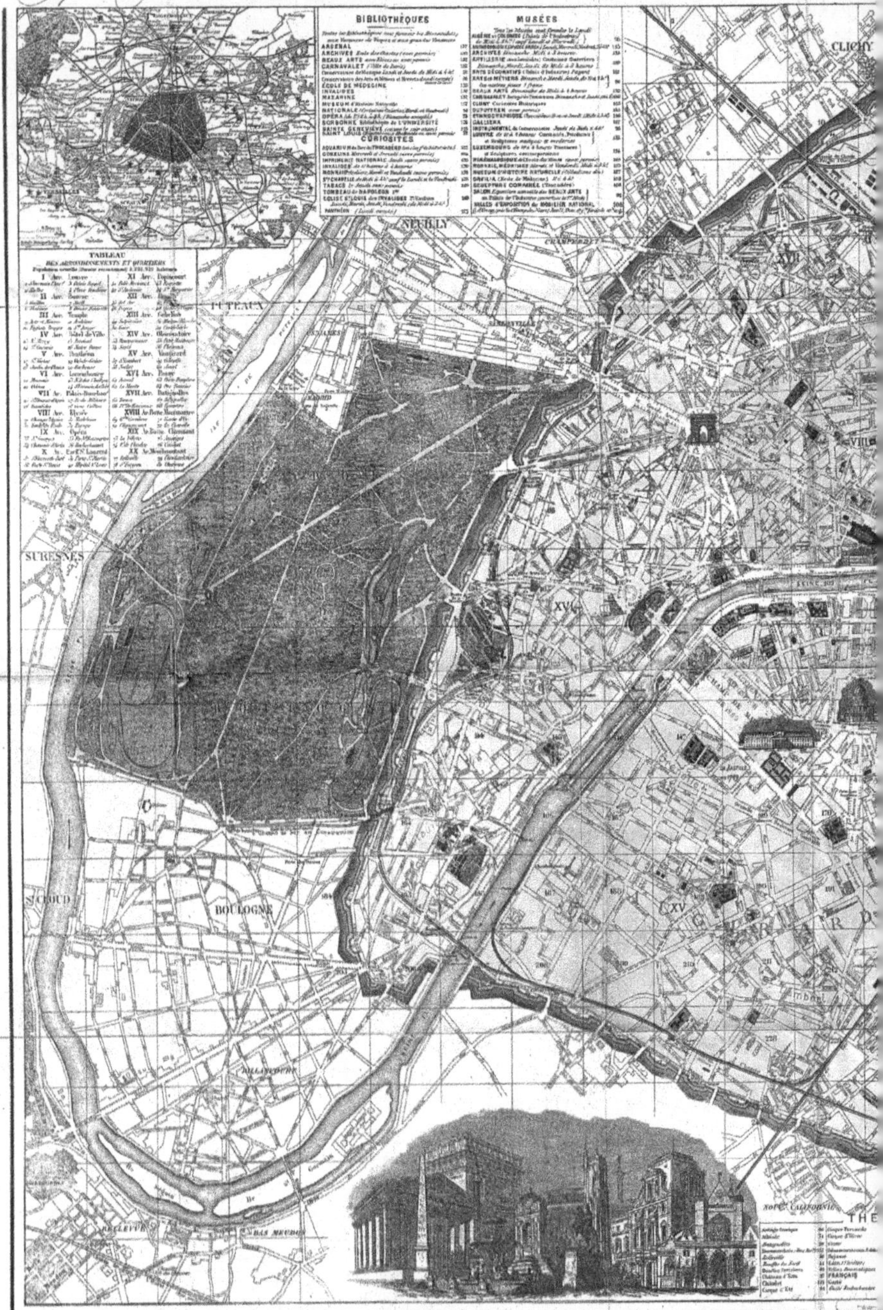

A. BÈS & F. DUBREUI

DE LA VILLE DE PARIS en 1889.
RENSEIGNEMENTS GÉNÉRAUX
MOYENS DE TRANSPORTS
LE CHEMIN DE FER DE CEINTURE DE PARIS
GARES A PARIS
XVIII
XIX
X
XX
II
III
IV
V
XII
XIII
XIV
BOIS DE VINCENNES
OPÉRA
OPÉRA COMIQUE
LIMITE DE QUARTIER
des Grands Augustins, PARIS.

LES AFFAIRES CRIMINELLES DE LA PÉRIODE

- 1870 — Persona non grata

- 1876 — Les petits paquets du quartier Riquet

- 1880 — L'horloger de Montreuil

- 1880 — L'affaire de la rue de Grenelle

- 1882 — Vengeance funeste entre pharmaciens

- 1883 — Un coupable à l'identité inconnue

- 1887 — Triple meurtre rue Montaigne

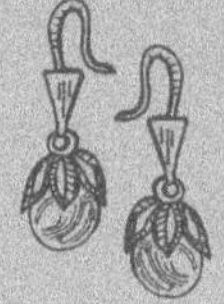

- 1889 — La malle sanglante de Millery

MES DATES CLÉS

18/03/1871

Soulèvement des Parisiens qui conduit à l'instauration de la Commune de Paris.

28/05/1871

Fin de la « Semaine sanglante » qui clôt l'insurrection communarde.

31/03/1889

Achèvement de la construction de la tour Eiffel pour l'Exposition universelle.

01/05/1891

Manifestation de grévistes à Fourmies (Nord). La troupe tire sur la foule, faisant plusieurs morts.

25/06/1894

Sadi Carnot, président de la République, est assassiné par l'anarchiste Sante Geronimo Caserio.

ASSEMBLÉE NATIONALE

GALERIE DES REPRÉSENTANTS DU PEUPLE (1848)

(Corse)

Dessiné d'après nature par L.Lante [illegible]

Paris, Masson [illegible], rue de Seine, 33. Paris, GOUPIL, VIBERT & Cie Boulev Montmartre 15.

PIERRE NAPOLÉON BONAPARTE

Né le 11 Octobre 1815

Pierre-Napoléon Bonaparte

Persona non grata

« J'ai eu la faiblesse de croire qu'un Bonaparte pouvait être autre chose qu'un assassin. »

Henri Rochefort, fondateur du journal *La Marseilleise*

Alors que Paris était tout à l'affaire Troppmann, un autre drame éclata, bien plus gênant pour le pouvoir en place. Celui-ci était plus que concerné, contrairement aux crimes de Troppmann, dont rien n'indiquait – sauf un témoignage peu fiable – la dimension politique. En effet, le cousin germain de l'empereur Napoléon III, Pierre Napoléon Bonaparte, était directement impliqué.

Né en 1815 à Rome, il avait pour père Lucien Bonaparte, le seul frère de Napoléon Ier qui osa toute sa vie rester fidèle à ses engagements républicains, quitte à être sinon disgracié par l'empereur, du moins tenu à l'écart de ses projets. Pierre Napoléon partageait les mêmes idées et les défendait avec la même autorité. C'est ainsi qu'en 1848 il se fit élire à l'Assemblée comme républicain, et se présenta comme fervent soutien à la IIe République. Mais, comme Lucien, il était soucieux de faire respecter son nom et la mémoire de ses ancêtres. Si, depuis le coup d'État de Louis Napoléon Bonaparte, le 2 décembre 1851, Pierre s'était éloigné de la politique, recevant en échange une belle pension qui lui laissait le loisir de vivre confortablement, il restait très susceptible lorsqu'on touchait aux siens, vivants ou morts.

L'affaire qui nous préoccupe débuta dans la presse. À la fin de l'année 1869, Louis Tommasi avait exprimé tout le mal qu'il pensait de Napoléon Ier dans un article paru dans *La Revanche*. Le prince Pierre avait aussitôt pris sa plume et, dans une longue lettre, avait insulté avec force images l'auteur et ses collaborateurs : « mendiants », « traîtres », « escargots rampant sur le bronze ». En somme, ils étaient des Judas. Louis Tommasi reproduisit la lettre dans *La Revanche* et rejeta l'épithète de Judas au prince, auquel il rappelait ses opinions de 1848, si vite oubliées depuis 1851. Paschal Grousset, collaborateur de *La Revanche*, reprit l'incident dans le journal *La Marseillaise*. Lui aussi reçut une lettre du prince, tout comme son directeur, Henri Rochefort. Le courrier princier était pour lui un peu différent des autres, puisqu'il s'agissait d'un cartel, soit une invitation à un duel : « Vous ne me trouverez ni dans un palais ni dans un château. J'habite tout bonnement 59, rue d'Auteuil, et je vous promets que, si vous vous présentez, on ne vous dira pas que je suis sorti. » Rochefort répondit favorablement. Il choisit deux témoins, collaborateurs du journal : Jean-Baptiste Millière et Arthur Arnould. Vexé, Paschal Grousset voulut lui aussi réparation et se choisit deux témoins journalistes : Ulric de Fontvielle et Victor Noir.

Le 10 janvier 1870, au matin, Pierre Napoléon Bonaparte attendait chez lui Rochefort et ses témoins. Vers 13 heures, on annonça au prince deux visiteurs. Ils entrèrent dans le salon. Pierre Napoléon Bonaparte y entra à son tour. Ils se présentèrent : Ulric de Fontvielle et Victor Noir, et lui tendirent une lettre émanant de Grousset. Il avait affaire à un autre cartel. Le prince répondit sèchement : « Je ne me battrai pas avec les “manœuvres” de Rochefort mais avec Rochefort lui-même. Vous ne venez donc pas de la part de Rochefort ? » Noir lui répondit : « Non, c'est une autre affaire. Nous venons de la part de M. Grousset, mais nous sommes solidaires de nos amis. »

Il eut à peine achevé sa phrase que Pierre Napoléon Bonaparte sortait déjà de sa veste un pistolet, qu'il arma. Un premier coup partit en direction de Noir, sans le blesser, un second le toucha en pleine poitrine alors qu'il tentait de regagner l'escalier. Fontvielle, entre-temps, s'était mis à crier. Le prince se retourna vers lui, tira un troisième coup en sa direction, crut que sa cible sortait aussi un revolver et tira un quatrième coup. La balle se logea dans le collet de l'habit de Fontvielle, qui réussit à se dégager pour retourner dans la rue aux côtés de Victor Noir, agonisant. Les cris et les coups de feu avaient inquiété le voisinage, et la police arriva rapidement sur les lieux. Alors qu'elle questionnait le prince, Noir était transporté à la pharmacie. Un médecin habitait au-dessus. Lorsqu'il examina la victime, il ne put que constater le décès. Quant au prince, s'il fut arrêté le soir même, il fut acquitté peu de temps plus tard. Il n'eut que des dommages et intérêts à payer. En revanche, Rochefort, Fontvielle et Grousset furent condamnés à plusieurs semaines de prison.

Le meurtre de Victor Noir ne passa toutefois pas inaperçu, loin de là, pour la population parisienne. C'était un jeune homme de vingt et un ans, républicain, et qui devait se marier deux ou trois jours plus tard. Après le constat de sa mort, son corps fut ramené à son domicile, un petit appartement de la rue du Marché à Neuilly. On le coucha sur le lit, à demi déshabillé, le teint de la blancheur du marbre. Sur sa poitrine, un trou noir dans la région du cœur. Son frère avait fait entrer quelques dessinateurs pour immortaliser Victor une dernière fois, et le lendemain le peintre Gill publiait le portrait du mort à la une.

Dehors, la foule commençait à s'amasser, la colère était palpable : « Une injure et on assassine ? » ; « Bonaparte = Borgia ! » Voilà les mots que l'on pouvait entendre. Le chef du gouvernement, Émile Ollivier, après avis de l'empereur, interdit à la famille Noir d'entrer avec le cercueil dans Paris, comme les républicains le réclamaient, de peur de débordements populaires. Les funérailles de Victor Noir se déroulèrent donc à Neuilly-sur-Seine, le 12 janvier, et le corps fut enterré au cimetière ancien de la ville. Malgré les précautions du pouvoir, plus de 100 000 personnes accompagnèrent le jeune journaliste en sa dernière demeure. Parmi eux, Louise Michel, qui garda le deuil toute sa vie, Eugène Razoua ou encore Jules Vallès.

Beaucoup de républicains crurent alors possible le renversement du régime en place. Certains appelèrent la foule à l'insurrection. Mais ce moment d'émotion ne reflétait pas la capacité des Français à vivre une autre révolution, et encore moins à croire à une nouvelle république. Il fallait du temps. Le calme revint donc. La révolution serait pour un autre jour.

Victor Noir resta toutefois dans les mémoires comme le symbole de l'innocence républicaine assassinée par un représentant de la tyrannie impériale. Vingt et un ans plus tard, en février 1891, et alors que la IIIe République était installée, les cendres de Noir furent transférées au cimetière du Père-Lachaise. Jules Dalou, républicain notoire, en fit un gisant de bronze, œuvre fort réaliste. Victor Noir fut un héros de la nouvelle république avant qu'elle advienne, héros dont la représentation servit de projection fantasmée à d'autres activités. Une rumeur circule en effet selon laquelle chevaucher le corps en bronze de Victor Noir rendrait aux femmes la fertilité. D'où une usure au niveau du sexe de la sculpture…

LE GARDIEN DE LA PAIX ASSASSIN

Prévost semant les morceaux de sa victime M. Lenoble.

Dessin de M. Gerlier. — Voir les DÉTAILS, *page 2.*

Les petits paquets du quartier Riquet

« Je demande pardon à cette malheureuse administration que j'ai tant compromise. »

Victor Prévost, avant d'être exécuté

Le 11 septembre 1879, dans le quartier de la Chapelle, dans le 18e arrondissement de Paris, on ne parlait que d'un crime épouvantable qui venait d'être commis. L'assassin avait tué un homme qu'il avait ensuite découpé en morceaux.

La veille au soir, rentrant de son travail, une jeune femme avait aperçu, rue Curial, un homme vêtu d'une grande blouse de boucher s'approcher d'une bouche d'égout et y jeter un paquet qu'il avait sorti de son vêtement. Elle s'était avancée ; lui, la voyant venir, avait poussé rapidement le paquet dans l'ouverture et s'était enfui en courant.

Quelques minutes plus tard, Mme Lévy marchait rue de la Chapelle pour s'engager dans la rue du Gué lorsqu'elle heurta du pied une masse informe qu'elle prit pour un morceau de viande gâtée. Mais, se baissant, elle poussa un cri d'horreur. Elle avait devant elle les bras d'un homme.

Elle prévint le marchand de vin d'à côté. Ils revinrent ensemble sur le lieu de la trouvaille et aperçurent dans l'ombre une silhouette. Un individu très grand les observait et, lorsqu'ils se dirigèrent vers lui, il se sauva vers les fortifications. La police fut aussitôt prévenue par le marchand. Il était environ 22 heures. Les recherches pour trouver d'autres restes commencèrent aussitôt. Deux heures plus tard, un cadavre presque entier avait été reconstitué. Il manquait la tête et un doigt de la main gauche, sans parler des viscères. Fait remarquable, et comme souvent dans ce genre de crimes, tous les membres avaient été débarrassés de leur peau.

Le lendemain, le 12 septembre, vers 7 h 30, Mme Lévy se rendait au commissariat pour y faire sa déposition lorsqu'elle se trouva nez à nez avec un gardien de la paix dont la physionomie la frappa.

« Oh ! Si ce monsieur avait une blouse et une casquette, je jurerais que c'est lui que j'ai vu hier », lança-t-elle tout haut.

Les regards des passants se portèrent sur le gendarme, qui sourit puis parut mal à l'aise. Le chef de poste, soupçonneux, demanda qu'il aille chez lui chercher sa blouse et sa casquette. Il obéit. Devant cette nouvelle silhouette, la femme n'hésita plus, et l'homme avoua dans la foulée.

Victor Prévost : tel était son nom. Il avait quarante-trois ans ; grand, d'une prestance martiale, il portait une moustache relevée en croc. Durant de longues années, il avait fait partie des cent-gardes, la garde d'honneur de Napoléon III, symbole du brio de l'armée du Second Empire. Lorsque ce corps avait été dissous, en 1870, sans ressources, il s'était fait garçon boucher, puis, grâce à ses médailles et à sa conduite exemplaire en tant que militaire, il avait pu devenir gardien de la paix.

Seule ombre au tableau de cet homme en apparence bien sous tous rapports : il aimait les jeunes filles, et il y eut des plaintes. S'il ne fut pas renvoyé, il fut muté dans l'un des quartiers les plus pauvres de la capitale, repaire de bandits et de prostituées qui trafiquaient régulièrement aux abords des fortifications.

Le 10 au soir, il avait demandé un congé de vingt-quatre heures pour aider un ami à déménager. Le lendemain, il était sorti déjeuner dans un restaurant du quartier.

À 11 heures s'était présenté à son domicile, 75, rue Riquet, un homme. Le concierge, lorsqu'il demanda à voir Victor Prévost, lui indiqua le lieu où il pouvait le trouver. Une heure plus tard, l'homme revenait avec cette fois un épais portefeuille sous le bras, semblable à ceux des courtiers en bijouterie.

L'homme monta à l'appartement de Victor. Une pièce unique avec une seule fenêtre, une cheminée de pierre noire, une petite table en bois, une chaise et, au-dessus du lit, une panoplie de deux fleurets surmontés d'un masque, du revolver de gardien de la paix et d'un petit poignard. Tout cela, très propre.

Quand le bijoutier frappa à la porte, Prévost l'invita à entrer et lui offrit à boire. Le bijoutier plaça ses échantillons sur la cheminée et sortit quelques bijoux.

Lorsqu'il se retourna pour prendre place, Prévost sortit une grosse boule de fer, dite de fendeur, et frappa violemment le crâne du jeune homme, qui s'effondra, grièvement blessé.

Pour l'achever, il saisit un long couteau de boucher et le plongea tout entier dans le cœur du malheureux, qui rendit aussitôt son dernier soupir.

Puis il le dépouilla entièrement de ses vêtements et, sur le plancher, après l'avoir totalement écorché, fit son œuvre de découpe.

À 18 heures, tout était fini. Le corps du bijoutier s'était transformé en une masse de petits paquets, prêts à être jetés dans les bouches d'égout. La tête n'y était pas, Prévost l'avait pour l'instant dissimulée dans la cheminée.

Alors il descendit chercher un seau d'eau et lava avec soin la chambre, son couteau et le balai. L'eau sanglante, il la vida dans les lieux d'aisances.

Le soir, vers 21 heures, il alla dîner chez M. Foury, le marchand de vin de la rue Riquet, demanda une tête de veau et du saucisson, mais ne mangea presque rien. À côté de lui, un paquet fait de papier journal contenait la peau de sa victime.

La victime se nommait Alexandre Lenoble. Marié à Marie Reunier, lingère, il avait trois enfants. Cet homme de trente-huit ans, après avoir longtemps travaillé comme employé, s'était mis à son compte depuis trois mois.

On ne le connaissait dans le quartier que pour avoir été vu deux ou trois fois avec Prévost.

L'interrogatoire du prévenu fut présidé par le juge Bresselles. Prévost confirma ses dires. Il précisa qu'il avait pour projet de voler le bijoutier puis de le tuer, qu'il avait pris contact avec lui au prétexte d'acheter une chaîne en or, qu'il avait pris rendez-vous pour le 10 et qu'à 13 heures, ce même jour, il avait commencé à besogner sur le cadavre.

Enfin, il indiqua où la police pouvait trouver les restes manquants du bijoutier. La peau était face au n° 14 de la rue de la Chapelle, la tête et les entrailles, à une centaine de mètres dans un terrain vague, derrière les fortifications.

La poursuite de l'enquête permit d'apprendre que Prévost avait eu une maîtresse, Adèle Marguerite Blondin. Blanchisseuse de son état, elle avait longtemps vécu rue Dancourt, près du boulevard Barbès. C'était plus de trois ans auparavant. Elle n'avait soudainement plus donné de nouvelles. Sa disparition correspondait aux quinze jours de congés demandés par Prévost.

Alors que les restes d'Alexandre Lenoble étaient transférés à son domicile, 26, rue Saint-Sébastien, pour être inhumés le 16 septembre 1879, la police s'attardait sur l'affaire Blondin.

La rencontre de Victor Prévost et Adèle Blondin avait eu lieu en 1871. D'abord épisodiques, leurs rendez-vous étaient devenus de plus en plus réguliers, à tel point qu'ils en vinrent à partager l'appartement de celle-ci, au grand scandale de sa famille. De ses anciens patrons, elle avait obtenu à leur décès un fort bel héritage, plus de 1 400 francs de rente. Prévost avoua l'avoir assassinée le 27 février 1876, en l'étranglant, faisant disparaître le corps de la même façon qu'il avait tenté de le faire pour le bijoutier.

Il avait gardé l'argent et vendu ses vêtements à un chiffonnier. Quant à ses bijoux, il les avait laissés, contre argent, au mont-de-piété.

Au procès, le 8 décembre 1879, et malgré le froid glacial qui s'était abattu sur Paris depuis quelques jours, on se pressa pour connaître le sort de Prévost. La foule resta dehors ; seule la presse fut admise. L'accusé apparut avec une longue barbe, les cheveux très courts. Il fit des réponses nettes, ne chercha pas à mentir.

Il fut condamné à avoir la tête tranchée. Son exécution eut lieu à Paris le 19 janvier 1880 devant la prison de la Roquette.

Le mystère de Montreuil

Portrait d'Élise Boëhmer. — La maison et la boutique de Pol, rue de l'Église, n° 9, à Montreuil. — Portrait de Pol l'horloger.

Dessin de Henri Meyer. — Voir l'article, page 347.

L'horloger de Montreuil

« Une face blafarde, un teint de cire, un squelette ! [...] Les joues parcheminées se tirent sur une sorte de rictus sinistre [...] [un] visage de momie qui n'a jamais souri. »

Description d'Albert Pel dans *Le Voleur*, 18 juin 1885

Le 21 juin 1884, un horloger, M. Pel, s'installait dans un appartement qu'il venait de louer, 9, rue de l'Église, à Montreuil-sous-Bois.

Il était accompagné d'une femme d'une quarantaine d'années, qu'il présenta comme sa servante, Élise Boehmer.

Durant ses absences, Mlle Boehmer restait fort discrète. Albert Pel lui avait interdit de lier tout contact avec le voisinage, selon les dires de la gardienne. Mais, le 2 juillet, Élise tomba malade, en proie à de violentes coliques et des vomissements qui lui causaient de grandes souffrances. Seule, elle appela au secours. La gardienne et la voisine du second se précipitèrent chez elle. Elles la soignèrent jusqu'au 12 juillet, date du retour de Pel. Personne ne revit Élise Boehmer après ce jour.

Cette étrange disparition ne manqua pas de soulever des questions. Dans l'immeuble et ailleurs, la rumeur fit son chemin. Les uns avaient le sentiment que, depuis plusieurs jours, il y avait dans la maison des odeurs de mort. Les autres avaient vu Pel allumer, malgré la chaleur de l'été, pendant la nuit, de grands feux qui ne s'éteignaient qu'au lever du soleil. On constata encore que l'horloger, pour échapper à la curiosité des voisins, avait bouché les vitrages de ses fenêtres avec des étoffes noires et des tapis.

En somme, la rumeur accusait Pel d'avoir empoisonné et dépecé son employée, puis d'avoir brûlé son cadavre pour la faire disparaître.

Ces bruits ne tardèrent pas à arriver aux oreilles de la police et du parquet, qui ordonna l'arrestation du suspect.

Pour toute défense, il affirma qu'Élise, se sentant mieux, l'avait quitté le 13 juillet. Au cocher de la voiture qui la transportait, elle avait donné une adresse qu'il n'avait pas entendue. Quant aux odeurs, elles étaient dues à la maladie cancéreuse dont souffrait sa servante.

Ces explications n'empêchèrent pas la poursuite de l'enquête. La fosse d'aisances fut vidée, on souleva les lames du parquet de l'appartement de Montreuil et on interrogea même les religieuses de Troyes et de Pontoise chez lesquelles Élise Boehmer avait autrefois commencé son noviciat.

Mais la servante restait introuvable, et l'inspection du poêle ne donna rien. Pourtant, la police en était convaincue :

Pel était coupable ! Les recherches sur son passé ne firent que confirmer cette intuition.

Né à Grand-Cœur, en Savoie, le 12 juin 1849, il avait été placé, jeune garçon, chez différents horlogers pour apprendre le métier. Il était devenu patron en s'établissant à son compte, à Paris, en 1869, rue Rochechouart, dans le 9e arrondissement. Sa mère habitait avec lui.

Le 1er août 1872, Mme Pel fut prise de violentes coliques. Son fils ne parut pas s'alarmer ; il ne fut pas non plus affecté par son décès, le 26 du même mois.

Outre l'horlogerie, Albert Pel se passionnait pour la chimie. Il avait installé un véritable laboratoire chez lui et racontait à qui voulait l'entendre qu'il était professeur de mathématiques au lycée Saint-Louis.

De 1872 à 1877, il habita différents quartiers de la capitale, se présentant tantôt comme mathématicien ou professeur de rhétorique, tantôt comme organiste de l'église de la Sainte-Trinité, se parant, pour impressionner ses interlocuteurs, de décorations auxquelles il n'avait aucun droit.

En octobre 1877, pris d'une crise de folie des grandeurs sans pareille lors de laquelle il menaça un de ses anciens patrons de mort quand ce dernier lui demanda de rembourser un prêt, il fut interné à l'asile Sainte-Anne, d'où il sortit cinq semaines plus tard.

Délaissant l'horlogerie, il devint régisseur et commanditaire du théâtre des Délassements-Comiques*. En mai 1879, il prenait un appartement dans le quartier des Ternes, et reprit ses activités de chimiste.

Deux femmes vivaient alors avec lui, Marie Mahoin, sa domestique, et Eugénie Meyer, sa maîtresse, jeune couturière employée au théâtre de l'Odéon.

Toutes les deux furent prises subitement de vomissements, de diarrhée et d'une soif inextinguible. Eugénie était tombée malade la première, la servante l'avait soignée quelque temps, avant d'être affectée des mêmes symptômes.

Abandonnant son emploi, elle alla se faire soigner à l'hôpital le 19 juillet 1879. Elle en sortit guérie un mois plus tard, mais, lorsqu'elle retourna chez ses maîtres, Eugénie avait disparu. Albert Pel vivait seul dans son appartement, les rideaux tirés. Il refusa l'entrée de son logis à Marie et lui apporta lui-même la malle qu'elle réclamait contenant son peu de biens.

La disparition d'Eugénie Meyer souleva de vives rumeurs, une information judiciaire fut même ouverte. Mais il n'y avait aucune preuve sérieuse contre Pel, qui bénéficia d'une ordonnance de non-lieu.

Alors l'homme refit ses valises et s'installa dans un appartement de l'avenue Kléber, dans le 16e arrondissement, où il redevint horloger.

* Nom donné à six salles de spectacle parisiennes entre 1785 et 1890.

Le 26 août 1880, il épousait Eugénie Buffereau, avec une dot de 4 000 francs de rente. Un mois plus tard, elle aussi tombait malade. Toujours ces vomissements, cette soif ardente. Un médecin appelé crut à un empoisonnement par des champignons. Il conclut finalement à une « maladie des entrailles ».

Eugénie Buffereau décéda le 24 octobre 1880. Sa famille, révoltée par l'indifférence de son mari depuis le début de la maladie, envisagea de porter plainte, mais ne fit rien par peur du scandale.

Neuf mois plus tard, Albert Pel se remariait avec Angèle Murat. Sa dot ? 5 000 francs de rente, à cela s'ajoutant l'héritage futur de la mère de la mariée, qui vint vivre avec le couple. Pel avait choisi une maison à Nanterre. Là, il pouvait allier ses deux activités d'horloger et de chimiste, ayant obtenu une licence pour commercialiser ses produits. Il s'était mis en tête de trouver le traitement qui viendrait à bout du phylloxéra, qui ravageait alors les vignobles français.

Bientôt, la mère fut atteinte par les mêmes maux que les précédentes compagnes de Pel ; elle quitta le couple pour Paris.

Ce fut à cette époque que Pel rencontra Élise Boehmer. Elle était entrée dans sa boutique pour réparer une montre. Elle revint souvent et ils devinrent amants. Elle lui confia aussi toutes ses économies, comme ce fut le cas d'Eugénie Meyer. C'est alors que les deux amants prirent un pied-à-terre à Montreuil, en 1884.

Selon l'accusation, Pel aurait donc été coupable de sept empoisonnements ou tentatives d'empoisonnement à l'arsenic. Seulement deux furent retenus par le ministère public : celui d'Eugénie Buffereau et celui d'Élise Boehmer.

Plus de 50 personnes vinrent témoigner à la barre ; il en résulta qu'Albert Pel n'avait agi de la sorte que par cupidité.

Le samedi 13 juin 1885, après trois jours d'audiences, le verdict était annoncé. Il était condamné à mort. Selon les gendarmes, il cria : « C'est une infamie, c'est horrible, je vous jure, messieurs, que je suis innocent. » Les journalistes lui feront dire : « J'accepte avec résignation le sort qui m'incombe, mais souvenez-vous, messieurs, que vous condamnez un innocent. »

Son avocat, Me Jolly, parvint, après appel, à faire casser le jugement. L'affaire fut traitée à Melun, et Albert Pel, envoyé au bagne en Nouvelle-Calédonie, où il mourut trente-neuf ans plus tard, le 9 juin 1924, ayant survécu pendant deux ans à son dauphin Henri-Désiré Landru.

LA PRESSE ILLUSTRÉE

TREIZIÈME ANNÉE. — N° 645.

LA PRESSE ILLUSTRÉE
est mise en vente chaque semaine
DÈS LE JEUDI MATIN
Administration et Rédaction : A PARIS, 13, quai Voltaire

PRIX DU NUMERO :
10 *centimes*

ABONNEMENTS POUR PARIS ET LES DÉPARTEMENTS :
SIX MOIS : 3 fr. 50 — UN AN : 6 fr.

DIMANCHE 8 AOUT 1880.

SOMMAIRE DES GRAVURES
L'ASSASSIN MENESCLOU, CONDAMNÉ A MORT, par M. Gerlier.
Salon de 1879 : « *L'appel des Girondins, le 30 octobre 1793, prison de la Conciergerie,* » tableau de M. F. Flameng. — *Exploration du docteur Crevaux dans l'Amérique équatoriale*, par M. Scott.

L'ASSASSIN MENESCLOU, CONDAMNÉ A MORT LE 30 JUILLET

Portrait d'après nature par M. Gerlier. — Voir les DÉTAILS, *page 2.*

L'affaire de la rue de Grenelle

« Cet idiot, ce malade, cet infirme,
cet isolé a été souvent châtié, jamais soigné.
Il a fini par l'expiation suprême. Ça a été le couronnement
des duretés et des injustices qui l'ont accablé toute sa vie. »

Jean Frollo, *Le Petit Parisien*, 13 février 1883

Si les assassinats occupent une large place dans la presse au XIXe siècle, les agressions sexuelles sur mineurs sont plus rarement relatées. La majorité des journaux observent un silence quasi total sur cette réalité. Attentats et viols sur enfants sont pourtant nombreux. La *Gazette des tribunaux* le prouve. Longtemps, donc, la criminalité sexuelle sur mineurs ne fut pas un sujet pour les journaux à grand tirage.

Les débats d'opinion sur la peine de mort, depuis le début de la IIIe République, marquèrent une évolution, et les crimes sexuels sur enfants furent enfin traités avec la gravité appropriée. Ils servirent notamment la cause des partisans de la peine capitale. L'affaire de la rue de Grenelle y participa.

Le 17 avril 1880, une rumeur se répandit dans le quartier de Grenelle, à Paris. Un crime épouvantable avait été commis la veille, au n° 155 de la rue de Grenelle. La famille Deu habitait au rez-de-chaussée, au fond de la cour, avec ses sept enfants ; l'aînée, Clémentine, avait quatorze ans. Le plus jeune était encore au sein. Parmi ces enfants, une fillette, Louise, âgée de quatre ans. On la disait jolie, intelligente, elle était surnommée Zizette.

Le 16 avril, vers 16 heures, Louise était montée au cinquième étage avec Clémentine pour visiter un des deux locataires, dont la fille, Virginie, lui avait promis une de ses poupées. Louise frappa à la porte, mais personne ne répondit. Louise insista, alors que Clémentine redescendait déjà : « Allez, viens ! » « Non, je veux ma poupée », répondit la petite en restant sur place.

Sur le même palier vivait la famille Menesclou, composée d'une femme, de son époux et de leur fils, âgé de vingt ans. Il se prénommait Louis. Jugé paresseux, il n'avait aucun travail et vivait à la charge de ses parents.

Entendant Louise à l'étage, le jeune homme ouvrit la porte et l'invita à entrer chez lui, sous prétexte de lui donner une branche de lilas. La petite, pas méfiante, alla à sa rencontre. À peine la porte refermée, il la poussa dans le cabinet qui lui servait de chambre. L'enfant, effrayée, commença à crier. Il la jeta sur le lit, mais elle se débattit. Pour faire cesser ses hurlements et ses gesticulations, Louis lui serra le cou de ses deux mains et l'étrangla.

Cet après-midi-là, Mme Deu était seule chez elle avec ses enfants. Son époux était hospitalisé à Necker. Vers 17 heures, ne voyant pas sa fille revenir, elle s'inquiéta. Elle interrogea sa voisine, Mme Touré, blanchisseuse ; celle-ci n'avait rien vu. D'autres lui firent la même réponse. Bientôt, toute la maison partait à la recherche de Louise. Vers 18 heures, Louis descendit chercher deux seaux d'eau et, se penchant à la fenêtre des Deu, demanda si l'enfant avait été retrouvée.

À 20 heures, Mme Menesclou, rentrée depuis une heure, descendit avec un paquet de linge qu'elle portait à lessiver. Entendant les plaintes de la mère, elle lui conseilla de faire une sorte de perquisition chez tous les locataires, puisqu'il était certain que Louise était montée et jamais redescendue.

On commença les recherches par le logis des Menesclou. Rien dans la pièce où dormaient les parents. Lorsqu'on pénétra dans le cabinet de Louis, celui-ci était allongé sur son lit, et c'est à peine s'il ouvrit les yeux pour regarder qui entrait, puis il feignit de se rendormir. On tira une caisse de sous le sommier. Sa mère, vexée, s'écria : « Mon fils est peut-être un mauvais sujet, mais à coup sûr ce n'est pas un assassin. » La recherche se solda par un échec. Aucune trace de Louise au 155, rue de Grenelle.

Le soir même, la police était avertie de la disparition de l'enfant. Mais ce ne fut que le 17 que le commissaire Véron ouvrit l'enquête. Parce que Mme Touré soupçonnait fortement le jeune Menesclou, elle monta vers 9 heures et écouta à la porte de l'appartement. Elle crut entendre des bruits semblables à ceux que font les bouchers quand ils cassent les os. Il lui sembla surtout entendre le crépitement de la graisse sur le feu. Elle en parla à une voisine, Mme Charles, qui monta à son tour, frappa résolument à la porte, feignant de demander l'adresse d'un fournisseur. Louis entrouvrit la porte, lui répondit brusquement et la referma.

Mme Charles avait cependant senti une odeur de viande grillée dans l'appartement. C'est alors qu'arriva le commissaire Véron, qui frappa à son tour chez les Menesclou. Louis, visiblement peu désireux d'être dérangé, entrebâilla la porte. Véron le poussa à l'intérieur et entra avec un agent. Une forte odeur de chair brûlée le prit à la gorge. La pièce était envahie de fumée.

Il se précipita vers le poêle, ouvrit le fourneau et recula, épouvanté. Il venait d'apercevoir la tête de Louise à moitié carbonisée.

Dans le foyer du fourneau brûlaient en crépitant les entrailles de l'enfant. Dans la cheminée, les vêtements ensanglantés se consumaient lentement.

Louis s'appuyait au lit de ses parents et semblait anéanti.

M. Véron et l'agent s'approchèrent de lui pour le fouiller. Dans les poches de son veston, ils trouvèrent les deux bras de Louise.

Louis fut arrêté. M. Véron plaça un agent à l'entrée de l'appartement des Menesclou, les autres, en bas de l'escalier, et emmena l'assassin au poste.

Ce qu'il restait de la petite Louise fut retrouvé dans un placard, 39 morceaux enveloppés dans du linge. Tous ces éléments furent rassemblés pour être portés à la morgue.

Alors que les légistes tentaient de recomposer le corps de Louise et de comprendre de quelle façon elle avait été tuée, Louis Menesclou était interrogé. Il prétendit ne pas avoir cherché à abuser de l'enfant et, quand on lui demanda pourquoi elle avait crié, il cessa de répondre et baissa la tête.

À 6 heures du soir, le juge d'instruction, M. Ragou, était au 155, rue de Grenelle pour une reconstitution. Louis avoua le meurtre et le découpage de Louise, mais niait toujours l'avoir violée. À leur sortie, la foule s'était massée, l'invectivait, lui prédisant une mort horrible.

Le procès fut engagé. Louis Menesclou fut condamné pour meurtre d'enfant, mais le viol ne put jamais être démontré.

Son ordre d'exécution fut publié le 7 septembre au soir. Il fut guillotiné le lendemain, à la pointe du jour. Le 9, le récit détaillé de sa décapitation faisait la une des quotidiens.

Criminel ou malade ? Beaucoup, notamment des médecins, penchèrent pour la seconde affirmation.

Le rapport d'autopsie mentionna une absence d'intelligence, des capacités cognitives limitées, une déliquescence du cerveau et une « adhérence des méninges ». Le tout sera publié plus de vingt ans plus tard par le Dr Dassy de Lignères, qui fut l'un des instigateurs de l'acte chirurgical.

Cette exécution fit aussi réfléchir. Jean Frollo s'interrogea longuement dans un article publié dans *Le Petit Parisien* sur l'utilité de tuer un homme, même s'il avait tué.

Mais la victime était une petite fille, et la IIIe République fondait son avenir sur cette jeunesse ; tuer un enfant, c'était entraver la bonne marche de ce nouveau régime. Aux yeux de nombreux politiques, la chose était inacceptable. La socialisation de la vie de l'enfant commençait.

SÉRIE ILLUSTRÉE

Numéro 1310

On s'abonne à Paris :
RUE DES SAINTS-PÈRES, 30
en province, chez les libraires, à la poste, par mandats à vue sur Paris et par timbres-poste, à l'étranger, à la poste.
On s'abonne du 1er de chaque mois.

MODE DE PUBLICITÉ

Toutes les semaines un numéro de 8 pages illustré, sous couverture.
Chaque année (52 numéros) est accompagnée d'une table des matières, d'un titre et d'une couverture spéciale.
A chaque entrée de saison (été et hiver), deux planches de modes hors texte, gravées et coloriées.

10 Centimes le numéro chez les Libraires
ET AU BUREAU DU JOURNAL

Au peu d'esprit que le bonhomme avait
L'esprit d'autrui par complément servait
Il compilait, compilait, compilait.

CINQUANTE-CINQUIÈME ANNÉE

11 Août 1882.

PARIS :	Un an.	6 fr.	»
—	Six mois.	3	50
BANLIEUE :	Un an.	7 fr.	»
—	Six mois.	4	»
PROVINCE :	Un an.	8 fr.	»
—	Six mois.	4	50

Un numéro affranchi : 15 centimes.

ÉTRANGER

Tous les pays qui ont adhéré à l'Union postale, l'Europe, les contrées d'Orient, les colonies françaises et étrangères. 9 fr.
Le Cap. . . . . 15 fr.
(Pour l'étranger on ne reçoit pas d'abonnement de moins d'un an.)

LE VOLEUR

AFFAIRE FENAYROU — ASSASSINAT DE CHATOU

Mercredi 9 août, c'est-à-dire le lendemain du jour où commence le tirage du Voleur, ont dû s'ouvrir à Versailles, devant la cour d'assises de Seine-et-Oise, les débats de cette affaire qui surexcite à un si haut degré l'attention générale.

Tout en cet attentat effroyable, les conditions dans lesquelles il a été découvert, les détails de son exécution, les scènes horribles connues par les révélations des coupables, la complicité active d'une femme jeune et jolie, le mystère qui plane encore à cette heure sur certains mobiles du crime, tout, en un mot, est de nature à passionner le sentiment public; aussi avons-nous cru devoir donner une large satisfaction à la curiosité de nos lecteurs.

LE CRIME DE CHATOU : MARIN FENAYROU

On trouvera plus loin *in extenso* l'acte d'accusation lu à la première audience, document judiciaire dont l'intérêt égale et dépasse même celui du roman le plus palpitant. Ce ne sera point, assurément, le moindre attrait de cette publication que la présence des portraits des bourreaux et de la victime : les époux Fenayrou et l'amant assassiné Louis Aubert.

Nous devons en outre à l'obligeance de la direction du musée Grévin de pouvoir reproduire pour ainsi dire d'après nature la scène de la découverte du cadavre, scène saisissante de vérité, restituée d'après le récit et la description faits sur le théâtre même de cette lugubre trouvaille par le pêcheur qui y joua le principal rôle et de qui les habits sont ceux mêmes dont il était vêtu le matin de cette tragique aventure.

Nous donnerons dans notre prochain numéro l'analyse des débats dans tout ce qu'ils présenteront d'intéressant, et nous ferons connaître les surprises qui viendront à surgir dans le cours du procès. Tout concourt en effet à faire supposer que l'instruction, malgré tout le soin avec lequel elle a été conduite, ne possède pas encore le dernier mot de cette mystérieuse affaire, et il est à prévoir que du choc des interrogatoires et des témoignages jaillira quelque éclair qui fera la lumière dans ces ténèbres.

SOMMAIRE DU N° 1310.

Affaire Fenayrou. — Le Crime de l'Opéra, par F. du Boisgobey (suite). — Le Drame de la Jeannette. — L'Art de voler ses maîtres par Swift (suite et fin). — En Égypte : le Sac d'Alexandrie. — L'Hôtel de ville, par Louft (suite). — Par-ci, par-là. — Drames et catastrophes : Mort de la princesse Roland Bonaparte. Tué par un faux tigre. — Revue judiciaire : l'Affaire Fenayrou.

Vengeance funeste entre pharmaciens

« Fenayrou a épargné sa femme. La justice qui a puni le criminel a fait grâce à la criminelle. La loi ne peut que s'incliner devant cet arrêt et respecter ce châtiment et ce pardon. »

Octave Mirbeau, *Le Figaro*, 12 octobre 1882

La mort de Giuseppe Garibaldi, considéré comme l'un des pères de la patrie italienne, faisait la une de tous les journaux, quand, au même moment, un cadavre était retrouvé dans la Seine.

Le 29 mai 1882, plusieurs tireurs de sable travaillant au Pecq aperçurent dans les herbes de l'île Corbière, sur la rive droite de la Seine, une masse jaunâtre qu'ils prirent d'abord pour un cadavre de chien.

Ils s'approchèrent et reconnurent un corps humain, mais dans un tel état et attaché de telle sorte qu'il était facile de se méprendre. La police fut avertie. C'était un homme. Il portait à la tête et sur les flancs des traces de coups donnés à l'aide d'un objet contondant et tranchant. Le parquet de Versailles fut prévenu, et le cadavre, transporté à la morgue du Pecq. Il avait été lié au moyen d'un tuyau de plomb de dix mètres de long, utilisé pour les conduites de gaz. À l'aide de ce lien étrange, les jambes avaient été ramassées sur le torse, en position fœtale.

En outre, la victime avait été bâillonnée avec une serviette tenue par deux épingles à nourrice. Sur l'étoffe, bien qu'effacées, se lisaient deux initiales, un « M » et, pour la seconde, un « F » ou un « T », cela restait à définir.

Le signalement du mort fut donné à la presse : « Homme d'un mètre soixante-dix-huit, front chauve, cheveux châtains, moustache en brosse et barbe rare. Yeux bleus. Nez droit. Manque deux dents à la mâchoire supérieure. Corpulence moyenne. »

L'autopsie révéla que l'homme avait reçu treize blessures, sept à la tête et six au corps. Les coups sur le flanc droit avaient été portés par une lame ou un stylet bien effilé. Pour la tête, il devait s'agir d'un marteau. Parce que son estomac contenait des aliments non digérés, il fut envisagé que la victime avait pris un repas avant d'être assassinée. Enfin, le corps avait été jeté dans l'eau post mortem et, au regard de son état, il avait dû y rester cinq ou six jours.

Le meurtre s'était donc passé vers le 20 mai, selon le légiste. Quelques heures plus tard, le corps fut rapidement enterré au cimetière du Pecq.

Parce qu'un homme, le capitaine Bitard, avait disparu à la même date, on imagina avoir retrouvé sa dépouille. Mais la piste était mauvaise ; le signalement du disparu ne correspondait pas à celui du cadavre.

En outre, un pharmacien n'avait pas donné signe de vie depuis une dizaine de jours. Sa parentèle, soit ses deux sœurs et son beau-frère, alla jusqu'à Saint-Germain voir les photos du cadavre. Ils crurent le reconnaître, mais n'avaient pas de certitude. Ils demandèrent l'exhumation du corps, le tribunal l'autorisa.

On imagina aussi que la victime avait été tuée non loin de l'endroit où elle avait été trouvée, sans doute dans une maison près du fleuve, puis jetée du pont. Le tube de plomb, trop lourd, aurait empêché le corps d'être porté par les courants.

L'exhumation eut lieu le 8 juin. Huit personnes étaient présentes, dont les deux sœurs, Mlle Aubert et Mme Barbey et son époux, ainsi qu'un médecin proche de la famille, le Dr Tessier, et un apprenti de la pharmacie du disparu. Si ces deux derniers hésitèrent, les deux sœurs Aubert et le mari étaient affirmatives. Il s'agissait bien de Louis Aubert, pharmacien au 36, boulevard Malherbes.

Le 18 mai, jour de l'Ascension, il était parti de chez lui, vers 20 heures, pour un rendez-vous. Il n'en avait que pour deux heures, tout au plus. Il avait pris la direction de la place des Ternes et personne ne l'avait plus revu. Cet homme de trente ans était célibataire, mais depuis plusieurs mois déjà entretenait une relation avec une femme mariée. Une histoire qui prenait l'eau. Le pharmacien voulait se marier. Sa cuisinière, qui donna ces renseignements, affirma qu'il conservait les lettres de sa maîtresse. Elles ne furent pas retrouvées.

Le mobile du crime ne pouvait être le vol ; Louis Aubert était parti de chez lui sans argent, et l'acharnement sur le corps en était la preuve. La vengeance fut donc envisagée. Mais Aubert était un homme doux et n'avait que des amis. À l'exception d'une personne, peut-être, qui avait des initiales identiques à celles retrouvées sur la serviette.

Le 9 juin, deux hommes étaient arrêtés. Marin Fenayrou et son frère Lucien. L'un était pharmacien au 18, rue de Sèze et le mari de la maîtresse de Louis Aubert. L'autre était sans profession. Interrogés, ils nièrent tout. Mais le commissaire venait de recevoir une lettre de l'épouse, Gabrielle Fenayrou, dans laquelle celle-ci faisait des aveux complets. Finalement, vingt-quatre heures plus tard, les deux frères reconnaissaient avoir tué le pharmacien.

Louis Aubert, en sortant de la faculté de pharmacie, avait travaillé chez Fenayrou et était rapidement devenu l'amant de sa femme. Les affaires de Fenayrou marchaient mal. Mauvais gestionnaire, Marin Fenayrou perdait de l'argent. Aubert, de son côté, avait de l'ambition et acheta en novembre 1881 la pharmacie du boulevard Malesherbes. Si ses affaires démarraient bien, celles de son ancien patron étaient de plus en plus médiocres.

Jalousie de mari trompé ? Sans doute pas. Fenayrou connaissait depuis un moment déjà la liaison de sa femme avec son employé. Jalousie professionnelle, alors ? Plus sûrement. Une chose est certaine : la décision d'éliminer Louis Aubert fut mûrement réfléchie, et le crime, parfaitement prémédité.

Dès le mois de mars, Fenayrou avait en effet cherché à récupérer les lettres de son épouse en se rendant au domicile d'Aubert, qui l'avait renvoyé. Fenayrou récidiva, mais reçut la même réponse. Il y envoya même sa mère, qui menaça le pharmacien du pire s'il ne les rendait pas. Rien n'y fit. Le 13 mai, Gabrielle pria son amant de venir à un rendez-vous fixé le 18 mai.

Il accepta. Ensemble, ils partirent dans la maison de campagne que louaient les Fenayrou, leur ferme restaurée à Chatou.

Au même moment, Fenayrou et son frère préparaient leur affaire. Ils avaient acheté plusieurs mètres de tuyau de plomb et un marteau. Quelques jours plus tôt, le pharmacien avait acquis une poussette d'enfant.

Lorsque les amants entrèrent dans la maison, les frères Fenayrou se cachèrent dans une autre pièce. Sous prétexte d'aller chercher des allumettes, Gabrielle laissa bientôt Louis seul dans le salon. C'est alors que le crime fut commis. Le corps fut ensuite transporté, après avoir été ficelé, dans la voiture pour enfant, puis jeté en amont du fleuve, depuis le pont.

Le 13 juin 1882, M. et Mme Fenayrou étaient écroués avec le frère du pharmacien.

Le procès se tint à huis clos et fut rapidement expédié.

Marin fut condamné à mort, son épouse, aux travaux forcés, et le frère, à sept ans de bagne. Finalement, et après appel, le président Grebly commuait la peine de mort du premier en prison à perpétuité. Fenayrou avait bénéficié de la clémence républicaine, qui de plus en plus cherchait à éviter aux condamnés la peine capitale.

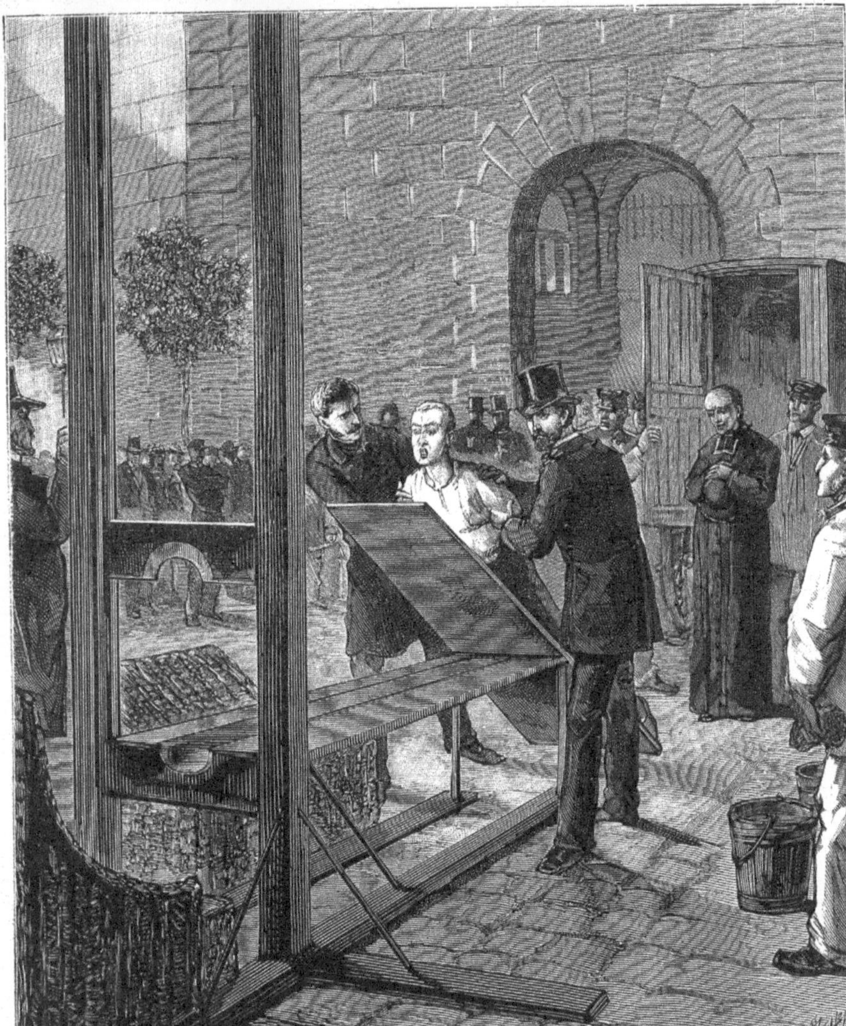

L'EXÉCUTION DE CAMPI

PARIS. — Place de la Roquette, le 30 avril 1884. — (Dessin d'après nature par M. Gerlier. — Voir les détails à l'intérieur de la *Presse Illustrée*.)

Un coupable à l'identité inconnue

« Messieurs les juges veulent prendre ma tête, ils la prendront sans étiquette. »

Le coupable lors de la dernière audience
de la cour d'assises

Deux paisibles rentiers parisiens, M. Ducrot de Sixte et sa sœur, respectivement âgés de soixante-cinq et soixante-trois ans, vivaient dans une charmante maison au n° 7 de la rue du Regard, sur la rive gauche de la Seine. Ils avaient donné congé à leurs domestiques. En ce 10 août 1883, ils étaient donc seuls à leur domicile lorsqu'un homme fit irruption dans leur maison et menaça M. Ducrot de Sixte d'une petite masse pour tailler les pierres. Il voulait son argent. Le brave homme ne résista pas et demanda à sa sœur de lui apporter tout ce qu'il avait de liquidités. Lorsque celle-ci revint, l'argent en main, le brigand la frappa. La vieille femme s'effondra. Son frère accourut pour la défendre mais subit le même traitement et s'écroula à son tour. Le cri des victimes avait alerté le voisinage, et la police gagna rapidement les lieux.

Interpellé, l'homme fut conduit au commissariat de Saint-Sulpice, dans le 6e arrondissement, déclara se nommer Michel Campi et être né à Marseille en 1850. Puis il leur opposa un un silence buté, ponctué de « Je l'ignore » ou de « Peu importe ».

La presse le décrivit comme un homme « puissamment musclé, aux mouvements d'une agilité extraordinaire, aux traits ascétiques et durs, aux petits yeux aigus, tourmentés, féroces ».

On accusa l'individu de vol et de meurtre sur la personne de M. Ducrot de Sixte – sa sœur, elle, en était réchappée.

Après huit mois d'instruction, d'interrogations et de confrontations avec plus d'une centaine de personnes, soutenues par une presse qui rédigeait des articles passionnés sur l'assassin, personne ne savait réellement qui était ce M. Campi.

D'ailleurs, son nom lui-même était faux. Il n'y avait jamais eu de Campi né à Marseille en 1850. Lorsque débuta son procès, celui qui était déjà énigmatique le devint plus encore. Le 21 mars 1884, il décida qu'il ne parlerait plus et se justifia auprès du juge d'instruction par une lettre : « À partir d'aujourd'hui, sans aucun prétexte, je ne veux plus vous voir et je ne me soumettrai à aucune confrontation. La série des imbéciles que vous avez fait défiler devant moi et qui prétendent me connaître est assez complète et j'en ai assez. Ma tête est à moi, je vous l'abandonne. Quant à mon nom, vous ne le saurez jamais.

« Dès le début, vous vous êtes fié à votre habileté, mais aujourd'hui vous commencez à reconnaître votre erreur. Vous ne me connaissez pas encore, et moi, dès le premier interrogatoire, je savais à quel homme j'avais affaire. Pour vous, les plus petites indications, celles qui se dégagent du raisonnement, sont les meilleures. Votre seul tort est de ne pas supporter chez d'autres la même facilité que chez vous. J'ai compté là-dessus. Dans ma jeunesse, j'ai appris la lutte, et je sais bien que la véritable adresse consiste à se servir de la force de son adversaire pour le culbuter. Je me suis souvenu de ce principe et je m'en trouve bien. »

Il fut exécuté le 30 avril 1884 sans que l'on sache son identité. Aujourd'hui encore, l'assassin du 7, rue du Regard demeure inconnu.

Le Journal illustré

VINGT-QUATRIÈME ANNÉE — N° 15

DIMANCHE 10 AVRIL 1887.

PRIX DU NUMÉRO : 15 CENTIMES

Gravures

Trois portraits de Pranzini, par **Henri Meyer**. — *La chambre à coucher de Marie Regnault*, par **Henri Meyer**. — *Le plan de l'appartement de Marie Regnault*, par **Henri Meyer**. — *Nos illustrations des feuilletons du Petit Journal*, par **Henri Meyer**.

Le Journal illustré est mis en vente dès le vendredi matin.

ABONNEMENTS	UN AN	SIX MOIS
Paris	6 50	3 50
Départements	7 50	4 »

Administration et Rédaction à Paris, hôtel du **Petit Journal**, *Rue Lafayette 61.*

Texte

Chronique de la semaine, par **Alfred Barbou**. — *Beaux-arts et Théâtres*, par **Charles Darcours**. — *Nos gravures*, par **Léon Kerst**. — *Nore*, nouvelle (fin), par **Jean Rameau**. — *Les Lapins de Sérignan*, nouvelle, par **F. Laffon**. — *Mot carré syllabique inédit*.

Pranzini avant le crime

Pranzini après le crime

Pranzini après le crime

LE CRIME DE LA RUE MONTAIGNE : Trois portraits de Pranzini

Dessins de Henri MEYER. — Gravure de NAVELLIER. — Voir l'article, page 115

Triple meurtre rue Montaigne

« Prenez garde… la mort s'il est l'assassin… la liberté s'il est innocent ! Mais s'il est voleur, on n'envoie pas les voleurs à l'échafaud ! »

Me Edgar Demange, avocat d'Henri Pranzini, s'adressant aux jurés lors du procès

Marie-Alice Regnault, belle femme d'une quarantaine d'années, grande et brune, vivait depuis plusieurs années rue Montaigne – actuelle rue Jean-Mermoz –, à deux pas des Champs-Élysées. Dans le quartier, elle était connue sous le nom de Mme de Montille. On attribuait l'origine de sa fortune aux relations qu'elle entretenait avec de riches protecteurs. Pour la servir : une femme de chambre, Annette Gremeret, et une cuisinière, Mme Antoine. La première logeait dans l'appartement de sa maîtresse, la seconde, dans une chambre de service. Par ailleurs, une petite fille de douze ans prénommée

Marie habitait aussi les lieux. Pour tous, elle était la fille de Mme Gremeret, mais en réalité il s'agissait de l'enfant cachée de la propriétaire.

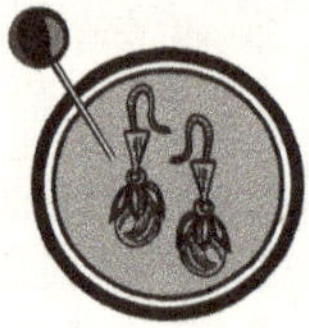

La nuit du 17 au 18 mars 1887 vint briser l'harmonie du logis.

Au petit matin, à 6 heures, comme à son habitude, Mme Antoine sonna à la porte de l'appartement de son employeuse. C'était toujours Annette qui venait lui ouvrir, mais ce jour-là personne ne répondit. Elle frappa de nouveau. Silence absolu. Même le chien n'aboya pas pour l'accueillir.

Inquiète, elle descendit voir le concierge pour s'informer. Il n'avait vu personne descendre. Elle remonta, sonna encore et encore. Rien n'y fit. Elle partit aussitôt au commissariat et exposa son problème.

Le policier, pressentant un malheur, l'accompagna. En chemin, rue de Ponthieu, il requit un serrurier, M. Rigaud. Quand celui-ci ouvrit la porte de l'appartement, un spectacle des plus monstrueux s'offrit à eux.

La femme de chambre était étendue sur le parquet de la salle à manger, morte. Sa tête était presque entièrement séparée de son corps, qui gisait dans une flaque de sang. Pour vêtement, elle n'avait qu'une chemise de nuit et un caraco de laine rouge.

Dans sa chambre, Mme de Montille était étendue sur la descente de lit. Comme sa domestique, elle avait été égorgée, et on voyait une plaie sur son épaule. La scène avait dû être d'une violence rare, les murs étaient recouverts du sang de la victime.

En pénétrant dans la chambre de l'employée, ils trouvèrent l'enfant, morte, elle aussi. Même mode opératoire que pour les deux femmes.

La police pensa que le crime avait eu lieu entre 5 et 6 heures du matin, heure à laquelle les fournisseurs passaient, les portes des immeubles étant donc ouvertes.

Quant au chien, un caniche noir, il était prostré près de sa maîtresse. Personne n'avait rien entendu, ni le voisin du dessus, M. de Lacretelle, député de Saône-et-Loire, ni, en dessous, le Dr Petit. La veille, Mme de Montille avait reçu de vieux amis pour un dîner. Tous s'étaient retirés vers 22 h 30.

Il n'y avait aucune trace d'effraction. L'auteur du crime avait-il une clef ? Lui aurait-on ouvert ?

L'enquête révéla que Mme de Montille avait succombé la première, puis la femme de chambre et enfin l'enfant. Il y avait des traces de sang sur le coffre-fort près du lit. On avait tenté de le fracturer. Il fut ouvert par la police. Il renfermait des bijoux de grand prix et des titres pour une somme de 20 000 francs.

Ailleurs, pas de désordre, mais tous les tiroirs des meubles avaient été fouillés. Seuls les bijoux que la femme portait la veille et une somme de 5 000 francs en billets avaient été emportés par l'assassin.

Dans l'antichambre, on remarqua des traces de sang.

Le fourgon arriva vers 9 heures pour emporter les trois cadavres à la morgue afin de pratiquer les autopsies, qui n'apportèrent aucune information complémentaire.

L'enquête de police avançait lentement et fut peu relayée par la presse. Elle n'évoqua que très vaguement les amants et protecteurs de Mme de Montille ne révéla aucun nom, mais permit d'évaluer sa fortune à 200 000 francs. Elle révéla cependant que l'assassin avait passé une partie de la nuit avec Mme de Montille. Qu'au matin il avait tenté d'ouvrir le coffre, réveillant ainsi la maîtresse de maison. Il l'aurait alors frappée d'un coup de couteau à l'épaule. Ses cris de douleur auraient réveillé la femme de chambre, qui se serait précipitée sur lui. Il l'aurait alors exécutée ainsi que l'enfant pour ne laisser aucun témoin.

Comble de l'ironie, Marie-Alice lisait alors *Le Joueur* de Paul Dumas, dont le dénouement mettait en scène un assassinat assez semblable.

Bientôt, la police révéla le nom d'un suspect, un ancien amant de madame, Gaston Gessler.

D'origine autrichienne, il était peintre et photographe. Il avait, disait-on, pris la fuite vers la Belgique et tenté de vendre des bijoux volés à un courtier.

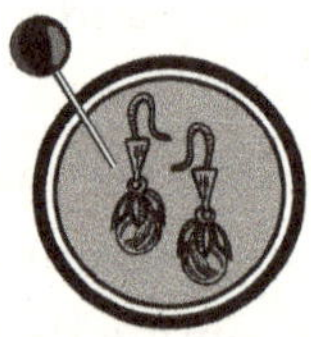

Coup de théâtre ! Alors que tous les regards étaient tournés vers Bruxelles, la police annonça avoir retrouvé le meurtrier à Marseille. Il ne s'agissait plus de Gessler mais d'un certain Henri Pranzini, originaire de Libourne.

L'arrestation avait eu lieu au Grand Théâtre, lors d'une représentation du *Barbier de Séville*.

Dans l'après-midi, le coupable s'était rendu dans une maison de tolérance, y avait rencontré Marie Favre et, avant de partir, lui avait proposé de lui vendre une montre pour 20 francs. Elle avait accepté. Alors il lui avait proposé une paire de boucles d'oreilles pour 10 francs, qu'elle avait refusée. Elles en valaient vingt fois plus. Il lui en fit cadeau et partit. Marie Favre en informa aussitôt la police, comprenant qu'il s'agissait de bijoux volés.

Celle-ci fit une perquisition dans sa chambre d'hôtel de Noailles, dans un des établissements les plus chics de la ville. Les policiers y trouvèrent une valise avec des vêtements tachés de sang.

Si, lors de l'interrogatoire, Pranzini reconnut connaître Mme de Montille et avoir été son amant, il nia formellement avoir commis le triple crime. Quant à sa blessure au doigt, il se l'était faite en coupant du pain. Il affirma ensuite que, la nuit du 17 au 18, il était avec sa maîtresse, Antoinette Sabatier, chez elle, après être allé au cirque.

Vérification faite, les bijoux que Pranzini avait tenté de vendre à la prostituée étaient bien ceux de la morte. Cependant, il en manquait, et Pranzini n'en avait pas d'autres.

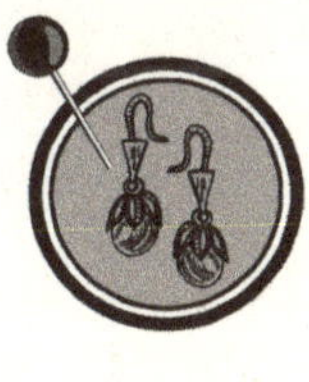

Second coup de théâtre, le 25 mars 1887, Gaston Gessler était arrêté à Châlons-sur-Marne, le jour où les trois victimes étaient inhumées au cimetière de Saint-Ouen.

Le peintre autrichien était-il l'assassin ou le complice ? Sur lui fut retrouvée une coquette somme d'argent.

Mais, lors de l'interrogatoire à Paris, il nia tout.

La police se tourna alors vers Mlle Sabatier. Lorsqu'elle arriva dans les locaux de la police, elle confirma la version de son amant.

Peu à peu, la police en sut davantage sur Pranzini. Il avait été chassé de la compagnie de wagons-lits pour laquelle il travaillait sous prétexte d'un vol de diamant. Son successeur ? Un certain Gessler !

Finalement, Mlle Sabatier se rétracta et avoua que Pranzini n'avait pas passé la nuit chez elle le 17 mars.

Le procès s'ouvrit dans la foulée. Pranzini fut condamné à mort et exécuté le 31 août 1887. Quant à Gessler, il n'y eut jamais assez de preuves pour l'inculper de complicité. Il fut relâché.

La malle sanglante de Millery

« J'apprends à l'instant que l'on nous accuse de l'assassinat du malheureux M. Gouffé. Ce sont d'infâmes calmonies et je pars pour Paris afin de nous disculper et de vous donner le nom des coupables. »

Gabrielle Bompard dans une lettre adressée à M. le préfet de police de Paris

Le 29 juillet 1889, le commissaire de police du quartier Bonne-Nouvelle reçut dans son bureau deux hommes, M. Landry et M. Laune. Tous deux s'inquiétaient de la disparition de leur beau-père et ami, Toussaint-Augustin Gouffé. Celui-ci, huissier auprès du tribunal civil de la Seine, n'était réapparu ni à son étude, rue Montmartre, ni à son domicile, rue Rougemont, depuis le 26.

L'homme n'était pas dépressif et n'avait donc aucune raison de se suicider. En outre, il n'avait prévu aucun voyage. Lorsque le commissaire questionna les deux hommes sur les habitudes du disparu, Landry lui confia que son beau-père était veuf depuis de longues années et vivait avec ses deux filles. Il était fort aisé financièrement et rentrait chez lui tous les soirs, sauf le vendredi. On lui supposait plusieurs maîtresses, chose que confirma l'agent d'affaires Laune.

L'étrangeté de la disparition décida la police à lancer une enquête. Il fut établi que, le 26 juillet, Gouffé avait quitté son étude vers 18 h 30. Une demi-heure plus tard, il avait été vu boulevard Montmartre. Enfin, la concierge de l'immeuble où il avait ses bureaux affirma que, vers 21 heures, un inconnu avait pénétré dans l'étude de l'homme, sans forcer la porte, qu'il y était resté peu de temps et que, à la vue de la concierge, qui l'interpellait, il avait rapidement pris la fuite.

Lorsque la police visita les lieux, elle fut étonnée de voir que le coffre-fort n'avait pas été forcé, et une liasse de billets de banque fut retrouvée. Sur le sol avaient été jetées plusieurs allumettes-bougies, ce qui attestait que l'individu s'était livré à des recherches.

Alors que l'enquête patinait, le 13 août, M. Coffy, le cantonnier de la commune de Millery près de Lyon, faisait la découverte d'un cadavre, déjà en putréfaction, soigneusement enveloppé dans un sac de toile cirée. Le chef de la Sûreté parisienne, M. Goron, immédiatement informé de la trouvaille, fit le lien avec l'affaire Gouffé.

Avec plusieurs agents et en compagnie de Landry pour identifier le corps, il se rendit le lendemain à Lyon.

Impossible pour Landry d'identifier son beau-père de manière certaine.

Le 15, nouveau rebondissement. Des paysans de Saint-Genis-Laval, un village situé à quelques kilomètres de Millery, venaient de trouver dans un fossé les morceaux d'une malle qui portait des traces de sang. Sur le remblai d'où le cadavre avait été jeté, le cantonnier Coffy avait par hasard ramassé une petite clef qui s'adaptait parfaitement à la serrure de la malle de Saint-Genis-Laval.

Le cadavre avait-il été enfermé dans la malle encore souillée de sang ? Elle avait été expédiée depuis Paris, l'étiquette des chemins de fer collée dessus en faisait foi. Une date y était inscrite, 27 juillet 1888 ou 1889, le dernier chiffre étant illisible. On fit des vérifications auprès de la gare de Lyon, à Paris, qui confirma l'année 1889.

C'est alors qu'un cocher, du nom de Lafarge, se présenta au commissariat et demanda à voir la malle qui avait été fidèlement reconstituée. Il reconnut l'avoir transportée dans sa voiture et affirmait connaître les coupables du crime. Il dénonça trois hommes. Mais ceux-là étaient déjà enfermés dans la prison de Lyon. Lafarge était un imposteur, comme il s'en présentait souvent dans ce genre d'affaires. Il fut condamné pour dénonciation calomnieuse.

L'enquête menée par la police parisienne était à l'arrêt. Elle avait interrogé le médecin de Gouffé, qui lui avait appris que l'huissier avait eu, plusieurs années auparavant, une grave blessure à la jambe et qu'elle avait laissé une importante cicatrice. Le Dr Lacassagne, à Lyon, informé de ce détail, crut en reconnaître une au même endroit sur le cadavre. Pour lui, il n'y avait pas de doute, l'inconnu de la malle était Toussaint-Augustin Gouffé. Les investigations sur l'entourage de l'huissier avait mis en évidence une relation de Gouffé avec un homme interlope, Michel Eyraud, dont la maîtresse répondait au nom de Gabrielle Bompard. Ces deux-là avaient quitté Paris le 27 juillet. Hasard ?

Un mandat d'arrêt fut lancé contre eux le 2 novembre 1889. Mais l'homme, marié, deux enfants, voyageur invétéré parlant plusieurs langues, avait selon son épouse quitté la France. Quant à Gabrielle Bompard, elle avait dû le suivre.

La piste « Eyraud-Bompard » fut privilégiée par les enquêteurs. Ils retrouvèrent leurs traces en Angleterre, puis aux États-Unis. À New York, on les manqua à quelques jours près. On eut vent de leur présence à San Francisco, puis ils disparurent de nouveau.

Le 22 janvier 1890, coup de théâtre : Gabrielle Bompard rentra à Paris et vint se constituer prisonnière. Elle déclara que Gouffé avait été assassiné en sa présence par son ancien amant. Elle fournit toute une série de renseignements, qui furent confirmés par l'instruction. Enfin, elle raconta son odyssée aux magistrats. Elle avait fui avec Eyraud aux États-Unis ; là-bas, elle avait changé de nom, s'appelait Berthe Vanaërt et se présentait comme la fille de son amant. Mais l'argent avait commencé à manquer. Eyraud avait fait la connaissance d'un M. Garanger, d'origine française, aisé et peu suspicieux. Eyraud l'avait poussé dans son lit.

Ils avaient trouvé un toit et une table pour manger. Mais elle était tombée amoureuse de Garanger ; c'est avec lui qu'elle était revenue en France pour tout avouer, assurant toujours qu'elle n'était pour rien dans l'assassinat de Gouffé. Elle y avait seulement assisté.

Pendant ce temps, de l'autre côté de l'Atlantique, Eyraud, toujours à la recherche d'argent, errait entre New York et Philadelphie, puis gagna le Mexique et enfin l'île de Cuba, en veillant à changer régulièrement d'identité. Ce fut la police espagnole de La Havane qui l'arrêta.

Le gouvernement français obtint son extradition. Le 30 juin 1890, Eyraud débarquait à Paris. Les charges accablantes qui pesaient sur lui eurent raison de ses premières réticences à parler. Il finit par tout avouer.

L'homme avait eu une vie d'aventure. Engagé dans la campagne du Mexique en 1863, il avait déserté l'armée, par crainte de l'ennemi. Il s'était alors marié à une femme dont la dot lui avait rapporté 40 000 francs. Installé avec sa famille aux États-Unis, il représenta une importante firme anglaise, mais fut renvoyé pour improbité.

De retour en France, il devint distillateur à Sèvres mais, mauvais gestionnaire, il cumula les dettes. Les escroqueries qu'il monta pour remplir les caisses ne purent rien y faire. Il fit faillite en 1888. C'est alors qu'il rencontra Gabrielle Bompard, qu'il avait racolée sur le boulevard, près de la Madeleine. Fille du Nord, elle avait vécu avec son père, pour qui l'éducation d'une enfant n'avait pas été de tout repos. Après un séjour dans une maison refuge, à Arras, au couvent du Bon-Pasteur, elle était partie pour Paris. Elle se prostitua, comme nombre de filles venues de province pour sortir de leur misère familiale et qui, sans emploi, n'avaient d'autre choix que faire commerce de leur corps. Eyraud en fit sa maîtresse.

Plus de 5 000 filles, selon la police des mœurs, arpentaient ainsi les trottoirs parisiens de jour comme de nuit en 1880.

Mais Gabrielle n'était pas une bonne gagneuse, et l'argent manquait toujours. Ils décidèrent de monter « un coup ».

Eyraud connaissait Gouffé et l'avait rencontré plusieurs fois au café Gutenberg, boulevard Poissonnière. Comme il cherchait la compagnie d'une fille pour la soirée du vendredi, Gabrielle lui plut. Il serait la proie.

Il ne s'agissait au départ que de lui extorquer une grosse somme d'argent en le faisant chanter. Si Gouffé y opposait une résistance, les complices n'auraient d'autre issue que de le tuer.

Sous le coup d'une plainte pour escroquerie, Eyraud dut se retirer soudainement à Londres. Gabrielle, elle, resta à Paris et prépara le guet-apens. Elle devait faire venir Gouffé chez elle, où Eyraud le forcerait à signer plusieurs lettres de change qui devaient leur assurer un bon avenir. Elle loua donc un petit appartement, 6, rue de Berne, un rez-de-chaussée en fond de cour.

Le 7 juillet 1889, elle partit pour Londres rejoindre Eyraud. Le plan évolua. Il ne fallait pas de témoin : Gouffé serait assassiné. Le 12, ils achetèrent une malle, de la corde, une fausse barge, une poulie et d'autres outils.

Le 14 juillet, Gabrielle Bompard était de retour à Paris avec la malle. Le 17, elle reprenait la route pour Londres. Le 20, les deux amants étaient de nouveau dans la capitale. Le lendemain, elle achetait de la toile d'emballage et confectionna un sac. Tout était prêt.

Mais il y eut un contretemps fâcheux. Lorsque Gabrielle se présenta à la logeuse, celle-ci lui répondit que son appartement était loué. Ils partirent à la recherche d'un autre gîte. Ils retinrent celui du 3, rue Tronson-du-Coudray. Il avait la même configuration que l'autre. Elle paya pour un mois.

Le vendredi 26, Gabrielle Bompard et Michel Eyraud se préparaient à réaliser leur crime.

Alors qu'Eyraud gagnait l'appartement pour installer sa mise en scène, Bompard se mit en chemin à la rencontre de Toussaint-Augustin Gouffé. Ils partirent ensemble rue Tronson-du-Coudray. Une fois sur place, elle lui proposa de s'asseoir dans la chaise longue, se mit sur ses genoux, il la prit dans ses bras, l'embrassa, elle riait et, feignant d'initier un jeu sexuel, elle lui glissa une corde autour du cou. Eyraud était de l'autre côté de la corde et il tira avec le système de poulie qu'il avait mis en place : Gouffé fut pendu. Eyraud dépouilla le mort : 100 francs, une montre, une bague ornée de deux diamants et un lorgnon en écaille. Puis il prit la clef de son étude et alla la fouiller, alors que Bompard déshabillait entièrement le cadavre.

Le résultat des recherches d'Eyraud fut décevant : le butin était maigre. Il n'était plus temps de tergiverser, alors ils mirent le cadavre dans le sac, et le sac, dans la malle.

Le lendemain matin, le 27 juillet, Michel faisait ses adieux à sa femme, en lui demandant 500 francs pour un voyage absolument nécessaire. Il retrouva Gabrielle, ils prirent le train pour Lyon, se débarrassèrent du corps à Millery, puis revinrent à Lyon, direction Marseille, où les vêtements de Gouffé furent jetés à la mer. Il en profita pour aller voir son père et lui demander de lui prêter 500 francs également.

Du 10 au 19 août, ils étaient de retour à Paris, le temps de prendre des billets pour Londres.

Le procès s'ouvrit le 15 décembre 1890. Le 21, le verdict tombait. Michel Eyraud était condamné à mort, et Gabrielle Bompard, à vingt ans de travaux forcés. Elle n'avait été que complice. Si Michel Eyraud fut exécuté le 3 février 1891, Gabrielle Bompard vit sa peine réduite pour bonne conduite, une grâce accordée par le président de la République, Émile Loubet. Libre à partir de 1903, elle ne fit plus jamais parler d'elle.

PARTIE 4

De la paix
à la guerre

NOUVEAU PAR

ITINÉRAIRE PRATIQUE

Gravé par L. Poulmaire

A. LECONTE, ÉDITEUR

MONUMENTAL

'ÉTRANGER DANS PARIS

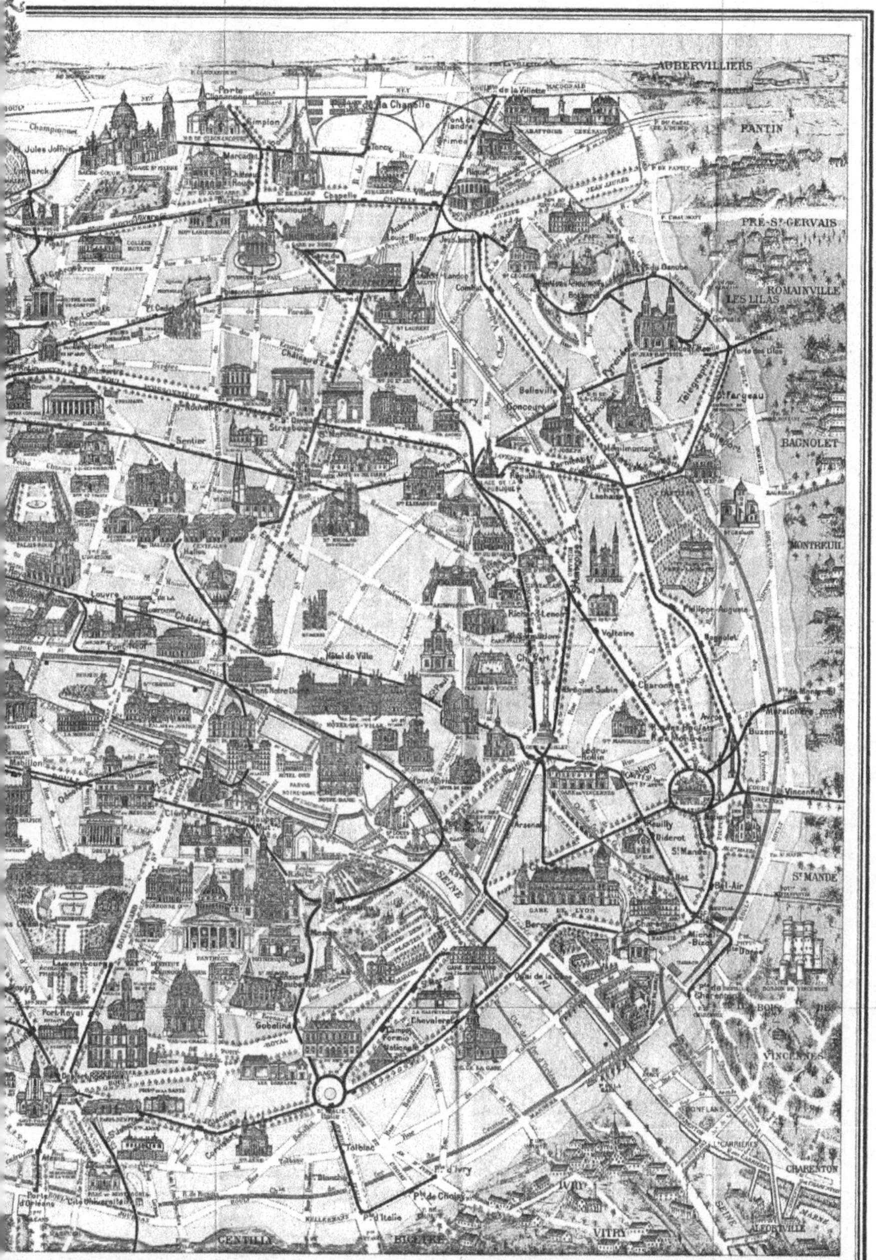

Bretonnerie PARIS

Pasteur

Chemin de fer Métropolitain

Stations des bateaux T.C.R.P.

Gaston Maillet et Cie, Imp. St-Ouen (Seine

LES AFFAIRES CRIMINELLES DE LA PÉRIODE

1898 — Le dernier guillotiné de la Grande Roquette

1905 — L'ogresse de la Goutte-d'Or

1907 — Le bagne ou l'échafaud ?

1908 — Hécatombe impasse Ronsin

1911 — Anarchie à la Belle Époque

1914 — De la passion à la prison

1914 — Un patronyme pour destinée

1915 — Le charme ravageur d'un galant meurtrier

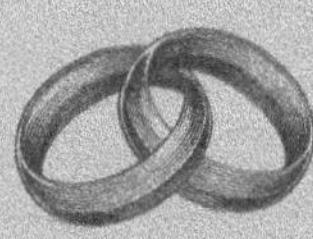

MES DATES CLÉS

16/02/1899

Mort soudaine du président de la République Félix Faure.

31/03/1905

Discours de l'empereur allemand Guillaume II à Tanger en faveur d'un Maroc libre et indépendant pour freiner la mainmise de la France sur ce territoire.

28/01/1910

Paris connaît sa plus importante crue depuis le XVIIe siècle. L'eau de la Seine finit par se retirer à la mi-mars.

01/07/1911

Coup d'Agadir. L'Allemagne, jugeant la présence française au Maroc trop prégnante, envoie une canonnière dans le port d'Agadir. La tension monte.

28/08/1914

Déclaration de guerre de la France à l'Allemagne et début de la Première Guerre mondiale.

Dixième année. — N° 489. Huit pages : CINQ centimes Dimanche 19 Juin 1898.

Le Petit Parisien

TOUS LES JOURS
Le Petit Parisien
5 CENTIMES.

SUPPLÉMENT LITTÉRAIRE ILLUSTRÉ

DIRECTION : 18, rue d'Enghien, PARIS

TOUS LES JEUDIS
SUPPLÉMENT LITTÉRAIRE
5 CENTIMES.

UN DOUBLE ASSASSINAT

Le dernier guillotiné de la Grande Roquette

« Pour me faire la main [...], je décidai de mettre en l'air cette vieille femme et ce gosse qui ne servaient à rien sur cette terre. »

Albert Peugnez, aux assises, le 14 décembre 1898

Le double meurtre peut paraître banal au regard de ceux déjà racontés dans cet ouvrage, mais c'est justement cette banalité qui doit nous interpeller. Des meurtres de ce genre, pour les mêmes causes, il y en avait alors chaque jour à Paris et dans sa banlieue. Ils doivent être regardés comme des instants de la violence quotidienne d'une époque, avec toute la misère qu'ils révélèrent.

Le 4 juin 1898, à Saint-Maurice, à l'est de Paris, Albert Peugnez, jeune homme de vingt et un ans, rendait visite aux époux Nicolas et Louise Bertrand. Un couple âgé déjà, et qui, sans enfant, avait pris en charge le petit garçon de la sœur de Louise, veuve, qui s'était remariée : Octave. Nicolas avait demandé à Albert de venir soulager le travail de son épouse. Il l'embaucha donc pour encaustiquer le plancher de la salle à manger.

Après un verre de vin partagé et la promesse d'un salaire en rentrant, Nicolas partit à son travail. Il était chauffeur à la Compagnie des bateaux parisiens.

Lorsqu'il rentra, le soir, vers 22 heures, il fut surpris de voir l'appartement plongé dans l'obscurité. Il appela, personne ne répondit. Il alluma une bougie, s'avança dans la salle à manger, ne vit rien. Mais, à l'entrée de la cuisine, il poussa un cri déchirant. Il vit sa femme allongée sur le sol, couverte de sang, la tête sous l'évier. Elle avait été égorgée. À côté d'elle, le cheval mécanique d'Octave, renversé. Il se dirigea vers la chambre de l'enfant. Celui-ci gisait sur son lit, la tête fracassée par plusieurs coups de marteau.

La police, prévenue aussitôt, n'eut pas de peine à identifier le coupable. On retrouva dans la salle à manger le rasoir qui avait servi à égorger Louise, et dans la chambre d'Octave le marteau qu'Albert avait sur lui le matin même et qu'il avait sorti de sa poche afin de s'asseoir plus aisément pour boire le verre de vin.

Elle n'eut pas de mal non plus à reconstituer le déroulement des événements.

Après le départ de Nicolas, et alors que Louise repassait et que l'enfant jouait, Albert, après avoir fini son ouvrage, demanda à Louise d'aller lui acheter une pièce. Profitant de son absence, il entra dans la chambre où l'enfant travaillait sur des pages d'écriture et lui asséna plusieurs coups sur la tête, puis attendit le retour de Louise. Il l'étourdit avec un premier coup de marteau et l'acheva au rasoir. Il déroba 500 francs, soit la totalité des économies du couple.

Vers 15 heures, il sortit de l'appartement, puis il passa chez lui, à Maisons-Alfort. Vers 19 heures, on le vit en compagnie d'un jeune homme à Ivry. Puis on perdit sa trace.

Albert était le cadet des fils de la famille Peugnez. Si le premier était, de l'avis de tous, un garçon respectable, c'était parce qu'il avait un emploi. Il travaillait avec Nicolas Bertrand à la Compagnie des bateaux parisiens. Albert, lui – ce fut inscrit ainsi dans les notes du commissaire qui s'occupa de l'enquête –, était « un ennemi acharné du travail ». Il vagabondait. Il fréquentait des repris de justice, « la bande des Rafleurs », et prenait part à des cambriolages. Leur spécialité ? Le vol de poules ! 123 poulaillers furent visités en quelques mois. Albert était chargé de vendre les poules à la sauvette, aux halles.

Il fut arrêté le 30 décembre 1896 et condamné à treize mois de prison.

À sa sortie, il retourna dans sa famille, promettant de racheter sa conduite par un travail assidu. Il devint rempailleur de chaises, déménageur. Nicolas Bertrand l'aidait, lui donnait parfois quelques francs contre un petit travail.

Quelle violence intérieure poussa Albert Peugnez à commettre un tel crime ?

Le 13 juin, il devait partir pour le service militaire.

Il se cacha plusieurs jours avant qu'on ne le découvrît chez sa maîtresse, Martine Galpin, à Charenton. Il tenta de se suicider, avalant les balles de deux revolvers qu'il avait sur lui.

Emprisonné à la Grande Roquette, il fut jugé puis condamné à mort le 15 décembre de la même année. Lorsqu'il entendit sa sentence, il pleura.

Il fut le dernier condamné à la peine capitale à être exécuté, le 1er février 1899, devant cette prison qui allait bientôt disparaître, trop vétuste. Une autre était en chantier à la Santé.

Le Petit Journal

Le Petit Journal
CHAQUE JOUR — 6 PAGES — 5 CENTIMES
Administration : 61, rue Lafayette

Le Supplément illustré
CHAQUE SEMAINE 5 CENTIMES

5 Centimes — SUPPLÉMENT ILLUSTRÉ — **5** Centimes

Le Petit Journal Militaire, Maritime, Colonial.... 10 cent.
Le Petit Journal agricole, 5 cent. La Mode du Petit Journal, 10 cent.
Le Petit Journal illustré de La Jeunesse..... 10 cent.
On s'abonne sans frais dans tous les bureaux de poste

ABONNEMENTS

	SIX MOIS	UN AN
SEINE ET SEINE-ET-OISE	2 fr.	3 fr. 50
DÉPARTEMENTS........	2 fr.	4 fr. »
ÉTRANGER...........	2 50	5 fr. »

Les manuscrits ne sont pas rendus

Dix-huitième année — DIMANCHE 12 MAI 1907 — Numéro 860

L' « OGRESSE » JEANNE WEBER
Crime ou fatalité ?

L'ogresse de la Goutte-d'Or

« Je ne suis ni folle ni criminelle ! »

Jeanne Weber,
à l'hospice de Maréville

Il fut un temps où les infanticides étaient très nombreux en France. Les mères étaient souvent les premières responsables. L'Église et les pouvoirs politiques ont régulièrement fermé les yeux sur ces crimes engendrés par les rigueurs du temps, de la misère et de la pauvreté. Peu furent condamnés. La compassion de la justice à l'égard de Jeanne Weber est à comprendre ainsi. Et pourtant !

Jeanne Weber était réputée pour sa bienveillance. La bonté, l'affection qu'elle témoignait aux siens étaient louées par tous. Comment la douce Jeanne avait-elle pu devenir l'ogresse de la Goutte-d'Or – sobriquet digne de Charles Perrault ? Elle fut accusée d'avoir, en moins de cinq semaines, fait mourir trois enfants qu'elle semblait chérir – trois nièces – et son propre fils. Et cela pour quoi ? Pour le sauvage plaisir de tuer ?

Elle avait alors trente et un ans. Petite, trapue, les hanches larges, le teint coloré « comme la plupart des Bretonnes », elle était originaire de Saint-Brieuc et n'avait, dans son passé, rien qui pouvait laisser présager son funeste destin.

Elle avait épousé en 1893 Jean Weber, un honnête homme avec lequel elle était venue s'installer à Paris, dans le passage de la Goutte-d'Or, et exerçait la profession de ménagère.

Le malheur vint surprendre les jeunes mariés. Jeanne eut un premier enfant, un garçon, qui mourut à l'âge de deux mois, puis un deuxième, une fillette, Marguerite, qui décéda dans sa troisième année. Seul Marcel, le petit dernier, semblait être en bonne santé.

Les deuils de Jeanne l'avaient rapprochée de la famille de son mari. Celui-ci avait trois frères : Pierre, Léon et Charles, tous mariés et pères de famille.

C'est chez Pierre et Blanche, son épouse, que Jeanne allait le plus souvent. Au mois de mars, une série d'événements dramatiques allaient se succéder avec une affolante rapidité, laissant planer sur Jeanne une terrible responsabilité.

Le 2 mars 1905, donc, Jeanne se trouvait rue du Pré-Maudit, en compagnie de sa belle-sœur et de ses nièces. Devant aller aux latrines, Blanche lui laissa la garde de Georgette, âgée de deux ans. Soudain, les voisins furent attirés par les cris de Jeanne. La petite était étendue sur son lit, la langue pendante, de l'écume au coin des lèvres, les yeux exorbités. Sa tante était près d'elle, une main passée sous le vêtement de l'enfant.

« Vous voyez bien qu'elle étouffe, dit une voisine, enlevez votre main ! »

« C'est pour savoir si le cœur bat toujours. »

On courut prévenir la mère, qui, arrivée au chevet de Georgette, la prit dans ses bras, la couvrit de baisers. La fillette revint à elle, respira mieux. Une fois la frayeur passée, puisque Blanche n'avait aucun motif de méfiance à l'égard de Jeanne, elle retourna au lavoir, trois quarts d'heure après. Georgette, laissée aux bons soins de sa tante, trépassa.

Un décès qui étonna – un voisin, observant le cadavre, crut voir sur le cou des marques violacées. Mais le médecin de l'état civil délivra le permis d'inhumer. Georgette était morte de convulsions ; en somme, de mort naturelle.

Elle fut enterrée. La mortalité infantile était importante, peu d'enfants arrivaient à l'âge adulte, surtout dans les milieux pauvres. C'était certes dramatique, mais courant.

Le 11 mars 1905, la sœur de Georgette, Suzanne, succombait à son tour, dans des conditions fort semblables. Elle était pourtant en bonne santé, et déjà grande pour ses trois ans.

Suzanne avait bu le matin, en cachette de ses parents, plus qu'il n'en fallait de sirop d'éther. Elle devait être gardée pour la journée par sa tante Jeanne – preuve que ni Pierre ni Blanche n'avaient de ressentiment contre elle. Mais, une demi-heure après le départ du père, celui-ci était rappelé de toute urgence à son domicile. Sa fille était malade. Il vit Suzanne le visage violacé, les membres contractés, les dents serrées. Il crut à une indigestion causée par le remède absorbé le matin. Il lui donna un vomitif qui la dégagea, puis repartit travailler. Mais, quelques heures plus tard, une nouvelle crise emportait l'enfant.

Lorsque, le lendemain, Marie, l'épouse de Charles Weber, vint en aide à Blanche, effondrée, elle crut voir un sillon en pointillé de la largeur d'un doigt sur le cou de la petite. Mlle Pouche, une voisine, fit la même observation.

Le médecin de l'état civil fut appelé. Il refusa cette fois le permis d'inhumer et prévint le commissariat de police. Blanche Weber, dans son chagrin, accusa ouvertement sa belle-sœur Jeanne d'avoir tué son enfant, voire ses deux enfants.

Jeanne resta calme : « Je te pardonne, Blanche, la douleur t'égare. »

Une enquête fut ouverte. Un médecin légiste, le Dr Thoinot, examina le corps et conclut à une mort naturelle, causée par des convulsions internes. Le permis d'inhumer fut finalement accordé, et le cercueil de la petite Suzanne fut placé à côté de celui de sa sœur.

Dix jours passèrent, puis, le 25 mars, survint un nouveau drame. Cette fois, Léon Weber et sa famille furent touchés.

Jeanne avait informé son beau-frère qu'elle passerait les voir dans la journée pour déjeuner avec eux. Le matin du 25, donc, Jeanne se présentait à leur domicile. Léon et Charlotte avaient une petite fille de sept mois prénommée Germaine. Parce que les parents devaient faire une course avant le repas, ils laissèrent Jeanne avec l'enfant, qui fut prise du même mal que ses cousines. Mme Le Rigoleur, mère de Marie Weber (l'épouse de Charles), et vivant à l'étage en dessous, alertée par les cris de l'enfant, monta à l'appartement et vit Germaine les yeux exorbités, la face congestionnée. Elle la prit dans ses bras, la douleur cessa aussitôt.

Cet incident ne fit pas réagir Léon Weber et son épouse, qui, après avoir déjeuné avec Jeanne, lui laissèrent l'enfant une partie de l'après-midi. Germaine eut une seconde crise. Mme Le Rigoleur appela le médecin, qui ne constata que des taches et des ecchymoses.

Jeanne Weber revint le lendemain chez Léon et Charlotte pour garder de nouveau leur fille. Lorsqu'ils rentrèrent, ils la trouvèrent morte, le corps enfoui sous des couvertures, les yeux révulsés. Encore une fois, la science se prononça pour une mort naturelle.

Trois jours plus tard, en revenant de l'enterrement de la petite Germaine, Marcel, le fils de Jeanne, dit à sa mère qu'il avait peur de mourir comme ses cousines. Elle lui conseilla de se cacher. Le lendemain matin, elle le trouva mort dans son lit. Lui aussi avait succombé à des « convulsions internes ».

Tout cela était bien étrange, tant de morts en si peu de temps… On ne se borna plus à dire que Jeanne avait le mauvais œil et portait malheur. Bientôt la rumeur publique désigna Jeanne comme « l'étrangleuse ».

Un dernier fait décida de son sort. Le 5 avril, Jeanne, en deuil, attendait la police au sujet de la mort de son fils. Elle ne voulait pas être seule. Elle contacta ses belles-sœurs Marie et Blanche, leur demanda de passer la journée avec elle. Elles acceptèrent. Marie était venue avec son propre fils, Maurice. Lorsque Jeanne la pria d'aller lui acheter une voilette de deuil, Marie accepta, laissant la garde de son enfant à Blanche. Elle n'était pas partie depuis une demi-heure que Jeanne se plaignit d'une affreuse rage de dents. Elle implora Blanche de lui ramener du baume, et celle-ci accepta à son tour.

Au retour de Blanche, Maurice était au plus mal. Le médecin consulté n'attacha pas grande importance à ces « convulsions ». Mais Marie, une fois revenue, voulut une consultation à l'hôpital Bretonneau. L'interne fut formel : « Madame, on a voulu étrangler votre enfant. »

C'en était fait pour Jeanne Weber. Elle fut incarcérée malgré ses protestations à la prison pour femmes

Saint-Lazare, dans le 10e arrondissement, et condamnée à l'exécution publique.

Jeanne Weber était-elle folle ? Deux médecins l'examinèrent, les Dr Vallon et Dupré. Ils assurèrent de sa parfaite lucidité d'esprit et affirmèrent qu'elle « jouissait de la plénitude de ses facultés mentales ».

Quant aux médecins légistes, ils confirmèrent leurs examens : l'enfant n'avait pas absorbé de poison et il n'y avait pas sur le corps de traces de violences physiques.

La science pouvait-elle être autant en contradiction avec les faits, car à chaque mort Jeanne était toujours présente, et seule ?

D'autres examens psychologiques furent ordonnés. Le Dr de Buisson, qui les dirigea, arriva aux mêmes conclusions que ses confrères.

Le procès de Jeanne Weber s'ouvrit le 29 janvier 1906. La salle d'audience était comble, beaucoup de femmes étaient présentes. Son avocat, Henri-Robert, qui la défendit bénévolement, plaida l'innocence de Jeanne, la science pour témoin.

Elle fut acquittée. La science avait triomphé, malgré les troublantes coïncidences.

Mais l'affaire ne s'arrêta pas là. Relâchée, Jeanne quitta son époux et s'installa à Châteauroux, recueillie par un agriculteur, Sylvain Bavouzet. Elle s'en prit à son fils. La famille porta plainte. On se souvint de l'affaire de Paris. On la chassa.

Elle partit ensuite pour la Normandie, où elle fut employée dans un hôpital pour enfants. Surprise en train d'étrangler un jeune garçon, elle ne fut pas arrêtée. Le directeur étouffa l'affaire en échange d'un internement en asile. Libérée quelques mois plus tard, elle vagabonda, fut incarcérée à Nanterre. Mais, sitôt libérée, elle s'attaqua à un fils d'aubergiste, en 1908.

Arrêtée, elle fut de nouveau enfermée à Saint-Mihiel, dans la Meuse, et fut déclarée folle le 18 décembre 1908. Elle décéda le 5 juillet 1918, à l'asile de Fains-Véel.

Le Petit Journal

Le Petit Journal
CHAQUE JOUR — 6 PAGES — 5 CENTIMES
Administration : 61, rue Lafayette

Le Supplément illustré
CHAQUE SEMAINE 5 CENTIMES

5 Centimes — SUPPLÉMENT ILLUSTRÉ — 5 Centimes

Le Petit Journal Militaire, Maritime, Colonial..... 10 cent.
Le Petit Journal agricole, 5 cent. — La Mode du Petit Journal, 10 cent.
Le Petit Journal illustré de La Jeunesse..... 10 cent.
On s'abonne sans frais dans tous les bureaux de poste

ABONNEMENTS

	SIX MOIS	UN AN
SEINE ET SEINE-ET-OISE	2 fr.	3 fr. 50
DÉPARTEMENTS........	2 fr.	4 fr. »
ÉTRANGER...........	2 50	5 fr. »

Les manuscrits ne sont pas rendus

Dix-huitième année — DIMANCHE 24 FÉVRIER 1907 — Numéro 849

L'ASSASSINAT DE MARTHE ERBELDING
Le meurtrier dans sa cellule. — Le portrait de la victime

Le bagne ou l'échafaud ?

« Laissez-moi le tuer moi-même,
il a déshonoré son fils ! »

Mme Soleilland,
épouse d'Albert Soleilland, pendant le procès

Le 5 février 1907, *Le Petit Parisien* annonçait à la une la disparition inexpliquée d'une fillette de onze ans, Marthe Erbelding. L'événement avait eu lieu à peine quelques jours plus tôt, et son dénouement des plus macabres secoua la vie politique française.

Le 27 janvier, un dimanche, les deux plus jeunes enfants du couple Erbelding avaient passé la journée chez leurs amis Soleilland, au 133, rue de Charonne, dans le 11e arrondissement. Le jeudi suivant, Marthe était de nouveau confiée à Albert Soleilland, venu la chercher pour assister à un spectacle au Ba-Ta-Clan, boulevard Voltaire. Mais, le soir, lorsque les époux Erbelding virent arriver Soleilland à leur domicile, il était seul. Il expliqua avoir perdu la fillette au théâtre. Son épouse n'avait pu les rejoindre comme prévu à cause d'un travail urgent à finir. On avertit la police. Les gens du théâtre, les commerçants, les voisins furent interrogés, mais personne n'avait vu la petite.

D'ailleurs, aucun ne se souvenait non plus de Soleilland. Une enquête de voisinage autour du domicile de ce dernier fut plus fructueuse. Une voisine affirma avec certitude avoir vu Albert Soleilland chez lui avec la petite Marthe à l'heure où celui-ci prétendait être avec l'enfant au Ba-Ta-Clan.

L'homme fut conduit au poste et on le questionna. Finalement, le 8 février, il avoua avoir tué l'enfant et dissimulé son corps dans une consigne à la gare de l'Est. Le corps de Marthe fut retrouvé à l'endroit indiqué. On découvrit lors de l'autopsie qu'elle avait été violée et poignardée d'un coup de couteau. Comme tous les crimes commis contre des enfants, celui-ci suscita une émotion immense dans la population. La presse, qui consacrait déjà régulièrement plusieurs colonnes quotidiennes aux faits divers qu'elle égrenait comme des feuilletons, relata jour après jour les avancées de l'enquête. Ce fut cette même presse qui annonça le lieu et la date des obsèques de Marthe. Le 14 février, devant l'église Saint-Ambroise, des dizaines de milliers de personnes se réunirent.

L'âge de l'enfant, les sévices qu'elle endura, la duplicité de Soleilland, qui participa aux premières recherches, aggravèrent la colère des Parisiens, dont le sentiment d'horreur était à son comble.

Lorsque le procès s'ouvrit, peu après, ces mêmes Parisiens apprirent que Soleilland avait grandi dans une famille bourgeoise, puis, déclassé, avait tiré l'essentiel de ses ressources du vol et de la prostitution de ses maîtresses, tout en se faisant renvoyer régulièrement des différents emplois qu'il avait exercés.

Le 24 juillet 1907, le jury le condamnait à mort. Un verdict qui allait à l'encontre des projets du gouvernement. L'abolition de la peine capitale était en effet au programme du Parti radical, alors majoritaire dans le Bloc des gauches au pouvoir, et devait être débattue au Parlement. Depuis novembre 1906, le gouvernement de Clemenceau avait adopté un projet en ce sens. Il était soutenu par le président de la République, Armand Fallières, qui, depuis son élection, avait systématiquement gracié tous les condamnés à mort. Soleilland ne fit pas exception : le 13 septembre 1907, sa peine était commuée en travaux forcés à perpétuité.

Cette grâce présidentielle fut perçue par les partisans de la peine de mort comme un affront. La police avait déjà reçu quantité de lettres anonymes proposant différents supplices, tous jugés mieux à même de punir un monstre de cette espèce : on proposait de le clouer sur une croix et de l'exposer à la merci du peuple, ou même de le jeter aux lions du Jardin des plantes.

À l'annonce de la grâce, des manifestations éclatèrent. Dans les défilés, on entendait : « À bas Fallières, Soleilland à la guillotine ! » Des jurys d'assises déposèrent des pétitions à la chancellerie pour réclamer l'application de la peine capitale, pour Soleilland, certes, mais aussi pour tous les autres assassins déjà jugés et graciés. La presse s'était emparée du débat, et le journal *Le Petit Parisien* fut le plus investi. De septembre à novembre 1907, il organisa un référendum sur le maintien ou non de la peine de mort. Le 5 novembre, il publiait les résultats : les Français se disaient favorables à son maintien à plus de 75 %. Les députés abolitionnistes, devenus craintifs, s'efforcèrent de retarder le débat au Parlement, qui eut lieu le 8 décembre. Le projet fut rejeté avec une majorité écrasante.

Pendant ce temps, Soleilland avait été envoyé au bagne de Saint-Martin-de-Ré. Il finit ses jours à l'hôpital des îles du Salut, en Guyane, en 1920, après douze ans de bagne. Il avait trente-neuf ans.

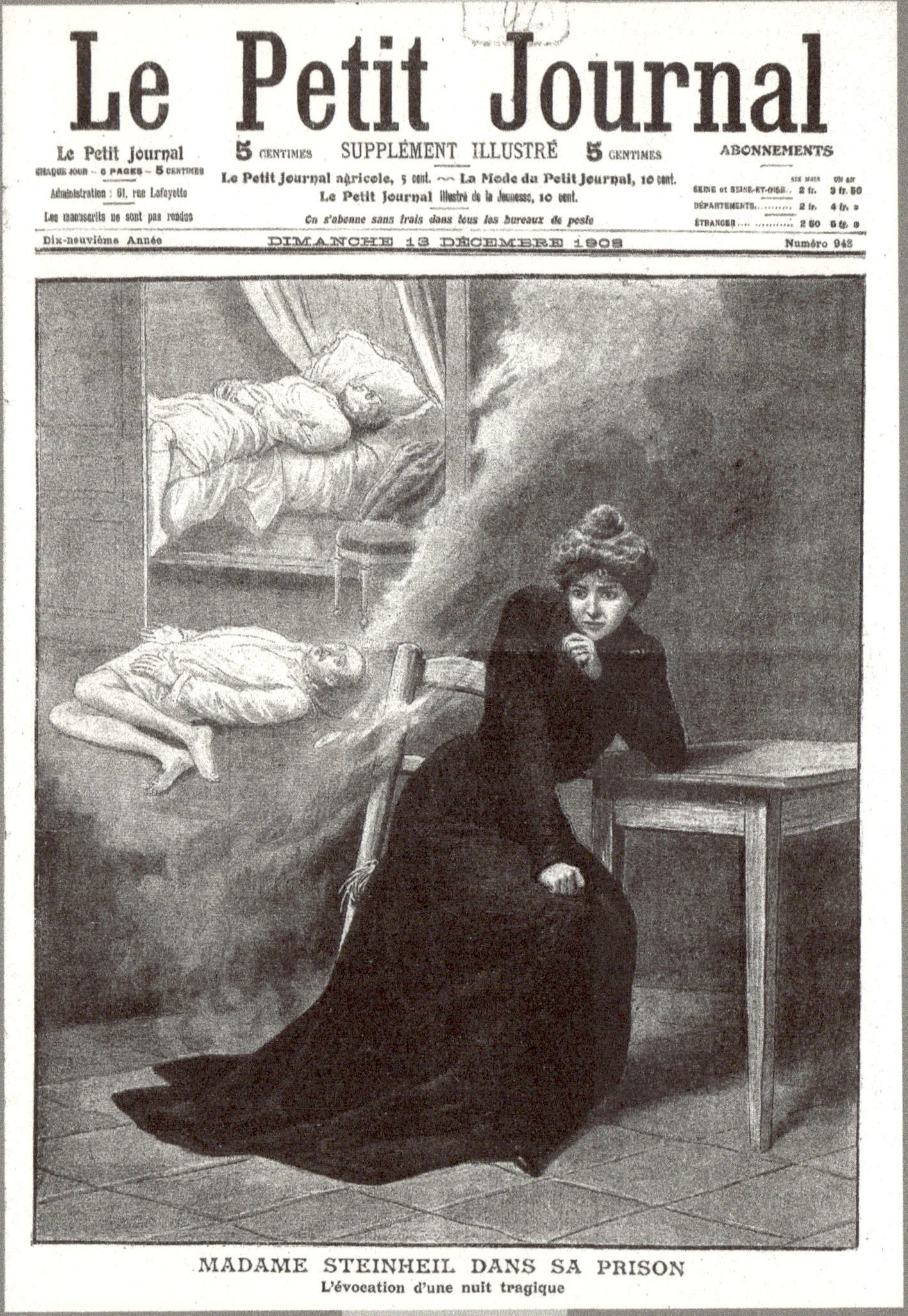

Le Petit Journal

Le Petit Journal
CHAQUE JOUR – 6 PAGES – 5 CENTIMES
Administration : 61, rue Lafayette
Les manuscrits ne sont pas rendus

5 CENTIMES SUPPLÉMENT ILLUSTRÉ 5 CENTIMES

Le Petit Journal agricole, 5 cent. — La Mode du Petit Journal, 10 cent.
Le Petit Journal illustré de la Jeunesse, 10 cent.
On s'abonne sans frais dans tous les bureaux de poste

ABONNEMENTS

	SIX MOIS	UN AN
SEINE et SEINE-ET-OISE..	2 fr.	3 fr. 50
DÉPARTEMENTS.........	2 fr.	4 fr. »
ÉTRANGER....	2 50	5 fr. »

Dix-neuvième Année — DIMANCHE 13 DÉCEMBRE 1908 — Numéro 943

MADAME STEINHEIL DANS SA PRISON
L'évocation d'une nuit tragique

Hécatombe impasse Ronsin

*« Je dis la vérité cette fois, je vous le jure…
Mes variations, c'est la preuve de mon innocence. »*

Marguerite Steinheil,
lors de son procès devant la cour d'assises de Paris

Le 1er juin 1908, les Parisiens se réveillaient avec une nouvelle affaire de meurtres. Certes, ceux-ci étaient très fréquents. Les pages des journaux étaient pleines de leurs récits et une affaire chassait l'autre. Mais ces crimes avaient quelque chose en plus, ils touchaient le monde des arts et de la politique.

La veille, dans la nuit du samedi au dimanche, 6, impasse Ronsin, une voie privée s'ouvrant entre le 150 et le 152 de la rue de Vaugirard, un cambriolage avait mal tourné. Les victimes étaient au nombre de trois.

La première était Adolphe Steinheil, cinquante-huit ans, artiste peintre. Après des débuts difficiles, ce fils de maître verrier, neveu du peintre Ernest Meissonier, avait acquis depuis plusieurs années ses titres de gloire. Plusieurs fois médaillé au Salon des artistes français, ce familier du président de la République Félix Faure avait reçu la Légion d'honneur pour un tableau représentant celui-ci en 1898 suivant les manœuvres en montagne, en tenue de chasseur alpin. Tableau qui fut acheté ensuite par l'État.

Mme Marguerite Steinheil, née Japy, femme présentée comme « charmante » et qui possédait quelques années plus tôt encore « toutes les séductions », avait été, elle aussi, très liée avec la famille de l'ancien président de la République.

Enfin, Mme veuve Édouard Japy, née Rau, belle-mère du peintre, appartenait aux grandes familles industrielles du Territoire de Belfort ; elle vivait le plus souvent en son domaine de Beaucourt, dans l'Est de la France.

Cette présentation mondaine des trois victimes fut celle que la presse proposa au début de l'affaire. Au fur et à mesure que l'enquête avançait, les marques d'élégance allaient curieusement se perdre.

Ainsi, le couple Steinheil vivait, depuis son union en 1890, dans un hôtel entouré de maisons d'ouvriers et d'ateliers d'artistes. Leurs voisins se nommaient Alfred Boucher, Achard, Cappellaro, Courtois ou Raphaël Collin. La propriété, une maison de deux étages agrémentée d'un grand jardin boisé, était ceinte de murs. L'atelier du maître était au second, les chambres, au premier. Le rez-de-chaussée était occupé par trois salons, une salle à manger et un jardin d'hiver où Steinheil faisait parfois ses expositions. La dernière avait eu lieu le 7 avril, et le peintre avait fort bien vendu. Quant au grenier, il abritait les chambres de la cuisinière, Mariette Wolff, et du valet de monsieur, Rémy Couillard.

Samedi, dans la matinée, la fille du couple, Marthe, était partie avec la cuisinière dans la maison que le peintre louait à Meudon-Bellevue, pour y rejoindre la famille Buisson, dont le père était haut fonctionnaire au ministère des Finances. Marthe avait épousé le fils Buisson et pour cela avait consenti à se convertir au catholicisme, les Steinheil étant tous deux protestants.

Ses parents devaient la rejoindre dans la soirée, mais trop fatigués pour faire le voyage, le couple Steinheil décida de rester à Paris. Mme Japy arriva elle aussi impasse Ronsin. Ils dînèrent tôt puis montèrent se coucher, Monsieur dans sa chambre, Mme Japy dans la chambre de sa fille et celle-ci dans la chambre de Marthe, la maison n'ayant que trois chambres à coucher.

Marguerite Steinheil avait laissé sa chambre à Madame sa mère, parce qu'elle était plus confortable et proche du cabinet de toilette. À 22 heures, la maison était endormie.

Le valet se réveilla le premier le lendemain matin. Il était 6 heures. Lorsqu'il descendit, il s'arrêta au premier étage, intrigué par des gémissements provenant de la chambre où couchait Mme Steinheil. La porte n'était pas fermée ; il la poussa et fut stupéfait devant le tableau qui s'offrait à lui :

Marguerite Steinheil était ligotée sur le lit, les jambes attachées par une mince cordelette qui remontait pour enserrer les poignets, qu'elle avait dans le dos.

Les yeux dilatés par la peur, un bâillon sur la bouche, elle lui indiqua la pièce voisine, dont la porte communicante était grande ouverte. Il découvrit avec horreur Mme Japy morte, sur le lit, nue, les jambes pendantes, un tampon de ouate dans la bouche, une cordelette serrée autour du cou. Curieux détail, elle avait les mains croisées sur la poitrine et le béret de Monsieur était placé sur un des oreillers.

Terrifié, le valet s'avança dans le cabinet de toilette et vit son maître gisant à terre. Lui aussi avait été étranglé, mais par une corde plus grosse. Rémy ouvrit une fenêtre et appela aussitôt au secours, puis alla libérer Mme Steinheil. Un voisin ingénieur, M. Lecocq, se présenta et tenta de calmer la survivante en attendant l'arrivée de la police et des médecins. Ayant retrouvé un peu de calme, et alors que d'autres agents faisaient le tour de la maison, constatant que rien n'avait bougé aux autres étages, Marguerite Steinheil donna sa version des faits.

Les agresseurs étaient au nombre de quatre, trois hommes et une femme. Celle-ci était rousse, habillée d'un long manteau noir, comme les trois hommes, qui portaient une longue barbe et un large chapeau. Elle les avait vus, à la lueur des lanternes qu'ils portaient avec eux.

La prenant pour Marthe – elle couchait dans sa chambre –, ils lui avaient demandé où son père cachait son argent. Elle leur avait indiqué le cabinet où Steinheil avait pour habitude de le ranger. Ils avaient pris le portefeuille, puis avaient fouillé sa chambre. Elle ne pouvait crier, empêchée par la femme qui lui avait mis le canon de son revolver sur la tempe. Ils avaient ensuite tué sa mère et son mari, alertés par le bruit. Elle n'eut la vie sauve que grâce à l'intervention d'un des hommes qui la prit en pitié.

Dès 7 heures, le commissaire Buchotte, du quartier Saint-Lambert, arriva sur les lieux en compagnie du Dr Lefèvre. Le médecin de famille, le Dr Acherey, était déjà là.

Tout fut passé au peigne fin : le jardin, la maison. On trouva la plaque ouvrant l'entrée de la cave déplacée. Ils étaient sans doute passés par là, car aucune trace d'effraction n'était visible ailleurs. Ils avaient dû pénétrer dans le jardin par l'entrée principale, puisque n'importe quelle clé pouvait faire fonctionner la serrure.

Il était évident que l'un d'eux connaissait la maison. Lorsqu'elle fut à nouveau interrogée, Mme Steinheil crut se souvenir d'un visage. Un des bandits avait été un modèle de son mari, venu plusieurs fois à l'atelier, et qui figurait dans certaines des dernières œuvres du peintre.

Dès que la nouvelle fut connue, les amis du couple se précipitèrent impasse Ronsin. Les deux sœurs de Marguerite vinrent également. Marthe arriva en fin de matinée, soutenue par son époux et son beau-père.

La presse, devant une agression si étrange, échafauda quantité de scénarios.

Marguerite Steinheil, qui se remettait lentement de ses douleurs, fut de nouveau interrogée. Elle fit sensiblement la même déclaration que la première fois, mais dut répondre à d'autres questions.

Elle précisa que la somme volée était de 6 000 francs et que la tache d'encre qu'elle avait sur la jambe venait de l'encrier renversé dans le cabinet où elle faisait habituellement son courrier. Un des voleurs s'était essuyé sur elle. Elle précisa qu'ils n'avaient pu prendre ses bijoux parce qu'ils étaient enfermés dans un coffre, bien dissimulé dans le mur du cabinet.

Elle indiqua enfin l'heure de l'agression : minuit. Elle avait entendu l'horloge comtoise de l'entrée sonner.

L'on commença à parler de sa vie galante. On raconta qu'elle avait pris un goût certain pour le libertinage dès l'adolescence. C'était pour cette raison que son père l'avait envoyée au Pays basque. Là, elle avait rencontré Steinheil. Ils s'étaient revus à Paris, lorsqu'elle était partie y vivre avec sa mère. À peine mariée, elle avait continué les rendez-vous dans des hôtels.

La maison de Bellevue-Meudon était son repaire. Là, elle se faisait appeler Meg et recevait des cadeaux de ses « admirateurs ».

Amie de Félix Faure ? Assurément, il serait mort alors qu'elle lui faisait une fellation ! Souvenez-vous des mots de Clemenceau : « Il voulut être César, il ne fut que Pompée » et des sobriquets qui furent attachés à sa maîtresse : « Madame la Pompe funèbre ». On lui prêta aussi une aventure avec le roi du Cambodge, Sisowath.

Marguerite Steinheil était devenue aux yeux de la police une « pas grand-chose ». Elle pouvait donc avoir tué pour le motif le plus bas : l'argent. Au fil des interrogatoires, le récit de Mme Steinheil devint assez incohérent. Si réellement les hommes et la femme décrits par Marguerite Steinheil étaient des voleurs, pourquoi n'avaient-ils pas visité le reste de la maison ? Les placards, les armoires ? Emporté les objets de valeur, l'argenterie, les pièces d'orfèvrerie, et surtout les deux bagues de grand prix de Mme Japy ?

Pourquoi seulement le portefeuille, sachant qu'il était vide à midi, comme l'enquête put le démontrer ? Qui les renseigna ?

En outre, le couvre-lit de Marguerite Steinheil n'avait nullement été piétiné : aucune trace de pas dessus. Comment avaient-ils fait pour l'attacher ? Chose plus étonnante, si le porte-monnaie de Mme Japy avait été quasi vidé, un billet de 50 francs y avait été laissé. Quant au peintre, il avait retiré le matin même 1 000 francs à la banque, et l'argent se trouvait toujours dans la poche de son pantalon.

Enfin, la position des mains de Mme Japy, et cette absence d'ecchymoses sur son corps, aucune trace de violence, pas de désordre autour d'elle : tout cela était vraiment étrange !

Sans parler de la confusion entre la mère et la fille, qui, si elle était flatteuse pour Marguerite, n'était pas très vraisemblable.

Par ailleurs, l'autopsie révéla d'autres choses. Les cordes avaient certes servi à la strangulation des deux victimes, mais il y avait des ecchymoses à la saignée des bras du peintre, alors que Mme Japy avait sans doute été endormie à l'aide d'une substance anesthésique.

L'attentat contre Alfred Dreyfus, le 4 juin, lors de la remise des cendres d'Émile Zola au Panthéon, fit disparaître l'intérêt porté à l'affaire de l'impasse Ronsin. La police, de son côté, assurait suivre plusieurs pistes, mais ne communiquait plus que rarement.

Le 13 juin, Marguerite Steinheil quittait Paris sur un brancard avec sa fille et son médecin, pour se soigner loin du tumulte de la capitale.

La police n'avait pourtant pas classé l'affaire. Les versions des événements de Marguerite Steinheil varièrent tellement que, le 26 novembre 1908, elle fut conduite à la prison de Saint-Lazare. Elle était revenue sur sa conviction d'avoir reconnu un des modèles de son mari, avait depuis accusé son valet, Rémy, qui fut lui aussi arrêté, puis relâché le 25 novembre.

Elle accusa enfin Alexandre, le fils de la cuisinière, d'avoir voulu la violer, puis tenté de l'étrangler. Ses cris avaient réveillé son époux ; Alexandre l'avait donc tué, ainsi que sa mère, qui tentait de prendre la fuite avec l'argent. Plus rien ne tenait debout. Mais la police n'avait toujours aucune preuve solide contre Marguerite.

L'incarcération de celle-ci fut l'occasion rêvée pour la presse de salir l'image de bourgeoise qu'ils avaient jusque-là dépeinte.

On découvrit aussi qu'elle avait au moment du drame un nouvel amant, un certain Maurice Borderel, un industriel avec qui elle espérait se marier. Mais il refusait d'épouser une femme divorcée. Tuer son mari la libérait, tuer sa mère ferait sa fortune avec un héritage de plus de 90 000 francs.

Son procès s'ouvrit un an plus tard, le 7 novembre 1909. Si le procureur général fut d'une violence rare, la plaidoirie de Me Anthony Aubin emporta la conviction du jury. Marguerite Steinheil fut acquittée le 13 du même mois.

Les journalistes recherchèrent sa trace, la France s'étant prise de passion pour celle que beaucoup auraient bien vue croupir en prison. Elle se réfugia un temps avec sa fille dans une maison de santé du Vésinet, puis voyagea et publia ses mémoires trois ans plus tard. Elle finit sa vie au Royaume-Uni après avoir épousé un Anglais, Lord Robert Brooke Campbell Scarlett, le 27 juin 1917. Elle décéda en 1954 dans le comté du Sussex.

BONNOT GARNIER CAROUY

VALET RAYMOND « LA SCIENCE » SOUDY METGE

Anarchie à la Belle Époque

« [...] Ouvrier, développe ta vie, ton intelligence et ta force. Tu es un mouton : les sergots sont des chiens et les bourgeois sont des bergers. Notre sang paie le luxe des riches. Notre ennemi, c'est notre maître. Vive l'anarchie. »

Billet trouvé dans la poche d'Octave Garnier après sa mort

La répression qui frappa le mouvement anarchiste après l'assassinat du président Carnot à Lyon et la promulgation des lois dites « scélérates » obligèrent certains à se protéger au sein des mouvements syndicaux. Mais leur action illégale ne disparut pas. Elle connut même un net regain en 1911, lorsque éclata l'affaire Bonnot.

Du mouvement anarchiste naquirent plusieurs branches, comme l'illégalisme, qui prônait le banditisme révolutionnaire comme mode de vie. Vols et cambriolages étaient devenus des actes politiques. Ses adeptes furent particulièrement actifs dans le nord de la France et dans la région parisienne. Lors de son procès, en 1905, le Marseillais Alexandre Jacob revendiqua 150 cambriolages, qu'il définissait comme une nécessaire entreprise « de réappropriation sociale ».

Mais d'autres formes d'actions illégales étaient apparues. Certains donnèrent dans la fausse monnaie, comme Mousset et Jourdain. D'autres, luttant contre la cherté des loyers, multipliaient les occupations d'immeubles, à l'instar de Georges Cochon, autoproclamé « président des sans-pognon » et fondateur en 1911 de l'Union syndicale des locataires ouvriers et employés.

D'autres encore, mais plus isolés, poursuivirent les attentats. En juillet 1898, Georges Etiévant poignardait un planton et blessait plusieurs autres policiers dans le poste de la rue Berzélius, dans le 17ᵉ arrondissement de Paris.

En 1905, une bombe explosait rue de Rivoli, sur le cortège du roi d'Espagne Alphonse XIII.

En outre, à Paris, un petit groupe d'« individualistes » se réunissait autour de Joseph Albert, dit Albert Libertad, et du journal *Anarchie*, fondé en 1905. Il affirmait qu'il ne fallait pas attendre une hypothétique révolution mais vivre dès aujourd'hui en anarchiste. Après la mort de Libertad en 1908, André Lorulot installa le journal dans un pavillon de Romainville. Il y bâtit ainsi une communauté.

L'action illégale n'était plus à l'ordre du jour. On y partageait plutôt l'amour libre, le végétarisme, l'ascèse libertaire... et on y hébergeait tous les réfractaires, sans poser de questions. En octobre 1911, le *milieu libre* réintégra la capitale et s'installa à Belleville, au 24, rue Fessart. C'est là qu'en novembre il accueillit Jules Bonnot, pourtant suspect d'avoir assassiné un compagnon italien. Bonnot avait déjà œuvré plusieurs années autour de Lyon et dans la Drôme. Son arrivée décida certains à passer à l'action.

Bon mécanicien, Bonnot réussit à voler à Boulogne une merveille d'automobile, une Delaunay-Belleville.

Le 21 décembre 1911, il fit son premier coup. Avec Octave Garnier, Raymond Callemin et un quatrième homme, il assaillit un encaisseur de la Société générale, rue Ordener, dans le 18e arrondissement. Garnier tira sur l'employé à bout portant. D'autres coups de feu furent tirés en direction des passants. L'attaque était inédite. Elle stupéfia le grand public et fit la une des journaux.

Quelques jours plus tard, Bonnot et ses complices volaient une autre voiture et tuaient le veilleur de nuit qui voulait donner l'alerte.

Le 3 janvier 1912, la bande repassait à l'action dans la banlieue parisienne, à Thiais, assassinant un routier et sa servante.

Le 27 février, alors qu'ils allaient voler une nouvelle voiture, descendant à une vitesse folle la rue du Havre au risque de renverser les passants, Callemin abattit un gardien de la paix, l'agent Garnier, qui tentait de les arrêter.

S'ensuivit une des premières courses-poursuites en voiture que la capitale ait connues. Des taxis, des particuliers et même un cycliste tentèrent de les neutraliser, sans résultat. Bonnot et sa bande avaient disparu en haut des Champs-Élysées.

Mais depuis plus de trois semaines on savait que les bandits se préparaient à commettre un nouvel attentat, dans une ville du Midi de la France.

À Béziers, ils avaient volé une nouvelle Delaunay à un industriel dans la nuit du 15 au 16 février. La voiture avait toutefois rencontré des problèmes techniques, à la hauteur de Beaune.

Ils étaient rentrés en train et avaient dérobé à Saint-Mandé la voiture préférée de Bonnot. C'est avec celle-ci qu'il traversa Paris le 27 février.

Le lendemain de l'affaire de la rue du Havre, la police mettait la main sur un des complices de Bonnot, Eugène Dieudonné. Il avait vingt-sept ans et vivait rue Lécluse, dans le 17e arrondissement.

On trouva chez lui plusieurs armes et des explosifs. Interrogé, il affirma qu'il n'était pour rien dans l'affaire de la rue Ordener. Mais le service anthropométrique de M. Bertillon possédait des indications précieuses sur lui. Dieudonné était en fait un sujet belge, Paul de Boué (ou Boë), ouvrier typographe, anarchiste, déjà condamné à Marseille pour falsification de papiers et auteur de plusieurs cambriolages. Associé à Édouard Carouy, dit Leblanc, proche de Garnier, il était le quatrième homme de la rue Ordener.

Rue Lécluse, deux femmes avaient aussi été arrêtées, Louise Kayser, vingt-trois ans, maîtresse de Dieudonné, et Madeleine Nourrisson, compagne d'un typographe du nom de Bouchet.

Par ailleurs, lors de la fusillade de la rue du Havre, un passant avait ramassé une douille. Elle provenait d'un pistolet Browning, un de ceux qui avaient été volés chez l'armurier Smith & Sons.

Le 29 février, on retrouva l'automobile à Saint-Ouen, à moitié détruite par le feu. Aucune empreinte identifiable.

Le lendemain, au commissariat, le bruit courait que Bonnot se cachait à Montmartre.

Il s'avéra que Dieudonné n'avait pas participé à l'affaire de la rue du Havre ; son alibi fut vérifié, il était à Nancy.

L'enquête piétina jusqu'au 27 avril. Bonnot le « terrible chauffeur » avait trouvé refuge chez son ami Dubois à Choisy-le-Roi, dans un garage appartenant à un riche propriétaire, Alfred Fromentin, et qui jouxtait sa villa. L'homme avait fait fortune à Caracas et ne cachait nullement son engagement pour l'anarchie. Il continuait à faire des affaires dans l'immobilier. Le garage en question était au centre d'un futur lotissement, dont certaines maisons étaient sorties de terre.

La police décida d'intervenir. Tuer le chauffeur, c'était décapiter la bande.

Donc, le 28 à 7 h 26 du matin, le chef de la sûreté, M. Le Grand, ainsi que 16 inspecteurs, investirent le garage. Ils se trouvèrent nez à nez avec Dubois, qui s'apprêtait à fuir en motocyclette. Le bandit tira, un policier fut blessé. Les autres ripostèrent. Dubois s'écroula sur le sol, diversion qui permit à Bonnot de fuir. Il se réfugia d'abord derrière l'immense pancarte « Lotissement Fromentin », et là il blessa un autre gendarme. Finalement, il réussit à gagner une maison en construction.

Avant le début de l'intervention, le clairon avait sonné la générale, indiquant à tous les hommes valides de Choisy possédant une arme qu'ils étaient invités à rejoindre la police. Le maire, son adjoint, mais aussi les pompiers, la gendarmerie et des soldats permissionnaires vinrent en renfort.

Derrière chaque arbre était embusqué un fusil, une carabine ou un revolver. Certains avaient investi les tranchées du chantier. Une foule très dense était présente ; plus de 6 000 personnes vinrent assister à la mort de Bonnot. Les abords des routes, des chemins, mais aussi la toiture du groupe scolaire qui venait d'être construit étaient noirs de monde.

Les routes n'étaient plus que tourbillons de poussière soulevés par les voitures des policiers venus de Paris soutenir leurs collègues.

Pendant tous ces préparatifs, Bonnot était resté silencieux, tirant seulement de temps à autre lorsqu'un homme s'approchait trop. Mais le chef de la sûreté avait déjà eu trop d'hommes blessés. Lorsque le lieutenant Fontan proposa de faire sauter la maison, le plan fut accepté.

La première tentative ne donna rien. La charge n'était pas assez forte. La seconde non plus, bien que les dégâts soient plus visibles. La dernière fut la bonne.

La maison fut coupée en deux, et la toiture, éventrée. Le directeur de la police, Xavier Guichard, y entra. Il reconnut Bonnot au premier étage, ramassé sur lui-même, à moitié dissimulé sous un matelas. Il était vivant. Se redressant soudain, il cria des insultes, visa Guichard, tira. Une balle effleura Fontan, sa dernière balle. Les gendarmes y répondirent par une longue fusillade. Bonnot s'effondra.

Ce n'en était pourtant pas encore fini de Bonnot, qui se raccrochait à la vie. Le mourant fut transporté aux urgences à l'Hôtel-Dieu. Au passage de la voiture, la population haineuse l'insultait.

Le Dr Gilbert ne put rien faire. Déjà dans le coma quand il arriva à l'hôpital, Jules Joseph Bonnot décéda peu après.

Ses acolytes déjà arrêtés furent jugés et condamnés à mort. Seul Dieudonné sera gracié. Le 21 avril 1913, Callemin, Monier et Soudy étaient décapités devant la prison de la Santé.

Le Petit Journal

ADMINISTRATION
61, RUE LAFAYETTE, 61
Les manuscrits ne sont pas rendus
On s'abonne sans frais dans tous les bureaux de poste

5 CENT. SUPPLÉMENT ILLUSTRÉ 5 CENT.

25me Année — Numéro 1.219

DIMANCHE 29 MARS 1914

ABONNEMENTS

	SIX MOIS	UN AN
SEINE et SEINE-ET-OISE..	2 fr.	3 fr. 50
DÉPARTEMENTS..........	2 fr.	4 fr. »
ÉTRANGER....	2 50	5 fr. »

Tragique épilogue d'une querelle politique

Mme CAILLAUX, FEMME DU MINISTRE DES FINANCES, TUE A COUPS DE REVOLVER M. GASTON CALMETTE DIRECTEUR DU " FIGARO "

De la passion à la prison

« Tu m'as dit que tu voulais lui casser la gueule, je ne veux pas que tu te sacrifies, la France et la République ont besoin de toi, je le ferai pour toi. »

Lettre de Mme Caillaux à son époux le jour du meurtre

Le 16 mars 1914, vers 19 heures, une rumeur commençait à circuler dans Paris. On disait que la femme du ministre des Finances, Henriette Caillaux, venait d'assassiner le directeur du *Figaro*, Gaston Calmette. Renseignements pris auprès du journal, la nouvelle était exacte. L'agression s'était produite à 18 h 30 dans les locaux du quotidien.

Gaston Calmette était alors en compagnie de l'écrivain Paul Bourget et sortait de son bureau lorsqu'un huissier du journal vint lui apporter une enveloppe. Calmette la déchira, y trouva une carte de visite, la lut, puis, silencieux, la présenta à Bourget. « Vous n'allez pas la recevoir ? » lui demanda celui-ci. « C'est une femme, j'y suis obligé. »

À l'huissier qui attendait la réponse, il fit signe de faire monter la personne qui le demandait. Arriva une femme fort décidée. Il la salua et la fit entrer dans son bureau, laissant Bourget dans le vestibule.

La porte était à peine fermée que cinq coups de feu se firent entendre. Tous les journalistes de la rédaction se précipitèrent dans le couloir. Bourget prononça le nom de Caillaux et se hâta vers la pièce. Calmette était étendu sur le tapis, couvert de sang. Mme Caillaux était à ses côtés, debout, fébrile. Elle déclara : « Puisqu'il n'y a pas de justice... Je me suis vengée moi-même » et lâcha le revolver.

On s'empressa autour du blessé. Les Dr Raymond et Hartmann, prévenus par téléphone, arrivèrent quelques minutes plus tard rue Drouot. Des cinq balles tirées, trois seulement l'avaient touché. Une n'avait fait qu'érafler l'abdomen, une autre s'était logée près du cœur mais sans le toucher. La troisième s'était située dans la région des lombaires, c'était la blessure la plus dangereuse.

Mme Caillaux restait stoïque. Puis, ayant repris ses esprits, et alors que le corps de Calmette était placé sur une civière pour être transporté à la clinique d'Hartmann, à Neuilly, en ambulance automobile, elle s'inquiéta : « Eh bien, qu'attendez-vous pour m'arrêter ? »

Plusieurs agents de police étaient arrivés sur les lieux mais, lorsqu'ils apprirent l'identité de l'agresseur, ils ne surent que faire. Mme Caillaux les aida. « Je me rendrai moi-même au commissariat. »

Plusieurs collaborateurs du journal et amis de Calmette s'étaient précipités dans les locaux pour venir aux renseignements.

Dans les couloirs, entourée de gendarmes, Mme Caillaux croisa Robert de Flers, Adolphe Brisson, Georges Courteline, Eugène Fasquelle et Léon Daudet.

Dehors, la foule se pressait déjà. La rumeur s'était rapidement répandue dans Paris. Mme Caillaux mit près de vingt minutes pour gagner sa voiture.

Au commissariat du faubourg Montmartre, elle fut présentée au commissaire Carpin, qui dirigea l'interrogatoire. Elle était maintenant parfaitement calme, et ce fut d'une voix ferme qu'elle répondit aux questions. *Le Figaro* poursuivait depuis plusieurs semaines une campagne de dénigrement contre son mari. Pour l'affaiblir davantage, voire le ridiculiser, Gaston Calmette venait de publier une lettre de Joseph Caillaux qui lui était adressée, qu'il avait rédigée avant leur mariage, et qu'on lui avait volée. Elle évoquait leur vie privée, leur intimité. Mme Caillaux s'en était indignée. Elle avait questionné différentes personnes pour savoir s'il y avait un moyen judiciaire ou légal d'arrêter cette campagne et l'utilisation de ce type de documents. On lui répondit que non. La loi française, en effet, permettait seulement à la personne lésée d'assigner l'auteur de révélations jugées diffamantes en paiement de dommages et intérêts.

Par ailleurs, elle sut que Calmette possédait d'autres lettres de ce genre et qu'il était résolu à les publier.

Elle avait donc décidé d'agir par elle-même. Dans l'après-midi, elle s'était rendue chez Gastinne Renette et avait acheté un petit Browning, de calibre 6,35 mm. Elle était repassée à son domicile, 22, rue Alphonse-de-Neuville, avait chargé le revolver et, avec la voiture du ministère, s'était rendue au *Figaro*.

Arrivée rue Drouot vers 17 h 10, elle avait demandé à voir Calmette. Il était absent, mais devait bientôt repasser au journal. Elle l'avait attendu plus d'une heure, bouillant d'impatience. Puis elle avait reposé la question à un huissier, qui lui avait assuré que le directeur du journal venait d'arriver. Elle lui avait fait passer sa carte et était restée impassible jusqu'à son arrivée.

Pendant son interrogatoire, le procureur de la République, M. Lescouvé, le directeur de la Police judiciaire, M. Mouton, le directeur de la Police municipale, M. Chaest, le commissaire divisionnaire, M. Ducrocq, et le juge d'instruction, M. Boucard, ainsi que plusieurs politiques, comme Louis Malvy, ministre du Commerce – dans ses dernières heures, avant de passer à l'Intérieur le lendemain –, étaient venus aux nouvelles.

M. Boucard reprit l'interrogatoire. Mme Caillaux précisa certains points. Elle ne voulait pas blesser à mort Gaston Calmette, seulement lui donner une leçon, lui montrer qu'il y avait des révélations qu'il était malséant de faire, des choses intimes qu'il fallait respecter, et souhaitait sa guérison.

La foule du *Figaro* s'était déplacée devant le commissariat, rendant la circulation dans le quartier particulièrement difficile.

À 19 h 20, Joseph Caillaux voulut voir son épouse. Le brigadier, ne connaissant pas son visage, refusa de le laisser entrer. Caillaux insista, l'autre aussi. Terriblement en colère, il poussa violemment le gendarme et se dirigea vers le bureau de Carpin. Il obtint de parler à sa femme seul à seule. Ils restèrent deux minutes ensemble, puis Caillaux sortit, très ému.

Vers 21 heures, il fut précisé à Mme Caillaux qu'elle coucherait le soir même à la prison Saint-Lazare. Elle ne fit aucune protestation. Parce que l'entrée du commissariat ne permettait pas de la faire sortir sans provoquer une bousculade qui pouvait faire de nombreux blessés, la police décida que Mme Caillaux passerait par une sortie secondaire, conduisant à une épicerie rue de la Grange-Batelière. Mais l'information fuita, et journalistes, photographes et Parisiens se précipitèrent devant l'épicerie. Ils la virent, encadrée par quatre ou cinq hommes, le visage blême. Des sifflets, des cris hostiles fusèrent de toutes parts lorsqu'elle pénétra dans le taxi.

Le faubourg Montmartre était envahi. La voiture n'avançait que difficilement. La foule injuriait autant l'épouse que le mari. Une manifestation s'organisa boulevard Bonne-Nouvelle, et l'on entendait des slogans du type « À bas Caillaux ». Dans les dîners, au restaurant, mais aussi à l'Assemblée et au Sénat, on ne parlait plus que de « l'affaire Caillaux ».

Vers 22 heures, en rentrant à son domicile, Joseph Caillaux donna sa démission au président du Conseil, Gaston Doumergue.

Un peu plus tard vers 22 h 30, à Neuilly, Calmette entrait en salle d'opération, mais l'extraction des balles se passa mal. Il y eut une hémorragie. Calmette décéda à 00 h 40, le 17 mars 1914.

Le procès s'ouvrit en juillet 1914. Depuis plusieurs mois déjà, on parlait d'une guerre imminente. La France se réarmait, avait renouvelé son alliance avec le Royaume-Uni. Ce fut dans ce climat particulièrement tendu que les huit audiences du procès Caillaux se déroulèrent. Fernand Labori, l'avocat de l'accusée, qui avait défendu Alfred Dreyfus et Émile Zola à la fin du XIXe siècle, laissa la partie civile évoquer son passé. L'intention de Me Charles Chenu était de démontrer que cet assassinat était un crime politique prémédité, Joseph Caillaux ayant instrumentalisé son épouse à des fins politiques.

Fille de l'architecte Rainouard, née le 5 décembre 1874 à Rueil-Malmaison, Henriette Caillaux avait épousé en premières noces le journaliste Léo Claretie. Divorcée, elle était devenue en 1911 Mme Caillaux. Les différentes étapes de la campagne orchestrée par le quotidien *Le Figaro* et Gaston Calmette à l'encontre de son mari et de son ministère furent largement détaillées. L'objectif étant d'annihiler le projet politique de Joseph Caillaux et d'anéantir l'effet de ses discours pacifistes vis-à-vis de l'Allemagne.

La campagne avait débuté après la formation du gouvernement Doumergue le 11 décembre 1913 et s'était étendue sur des mois, totalisant 110 articles. Le journal avait révélé que Joseph Caillaux aurait eu des prises d'intérêts multiples au Maroc, et aurait conservé, depuis son entrée au ministère, des fonctions dans différentes banques, comme le Crédit foncier égyptien ou le Crédit foncier argentin. Il dénonçait aussi ses rapports avec différentes banques d'affaires et divers « coups de Bourse ». Des informations distillées de manière régulière, toutes les semaines, toujours démenties par le ministre. Mais le mal était fait. Pour beaucoup, Joseph Caillaux était un escroc, un voleur, un ennemi du peuple, surtout lorsqu'on prétendit qu'il envisageait de supprimer les impôts sur les revenus.

La plaidoirie de Fernand Labori fut remarquable. Il parvint à convaincre la cour que le meurtre commis par Henriette Caillaux, loin de la préméditation, était l'acte ultime d'une femme désespérée par l'humiliation.

Le jour du verdict, le bruit courut que l'épouse Caillaux serait condamnée à cinq ans de prison ferme.

Quand celui-ci tomba, le 28 juillet 1914, il fut accueilli par des applaudissements frénétiques et des « bravos » pour les uns, par des « à bas Caillaux », des sifflets et des injures pour les autres. Le jury avait acquitté l'assassin de Gaston Calmette.

Le même enthousiasme et la même colère se retrouvèrent dans les couloirs du palais de justice de Paris puis dans la foule qui attendait. Des manifestations hostiles s'organisaient, des bagarres éclatèrent dans le Quartier latin, près de la fontaine Saint-Michel.

Cette tension s'estompa rapidement. Un autre événement venait de frapper de stupeur les Français : l'assassinat le 31 juillet, rue Montmartre, de Jean Jaurès.

Quant à Henriette Caillaux et son époux, ils avaient regagné leur appartement de la rue Alphonse-de-Neuville. Celle qui avait assassiné le patron d'un des plus grands quotidiens français pour sauver l'honneur de son mari, se consacra à la peinture et à la sculpture. Elle décéda en 1943, quelques mois avant son époux, qui avait repris la politique.

DU CROISSANT

Un patronyme pour destinée

« Travailleurs, Jaurès a vécu pour vous, il est mort pour vous. Un verdict monstrueux proclame que son assassinat n'est pas un crime. Ce verdict vous met hors la loi, vous et tous ceux qui défendent votre cause. Travailleurs, veillez ! »

Anatole France

Orateur exceptionnel, le socialiste Jean Jaurès était admiré des siens mais détesté de ses opposants.

Depuis les années 1880, il essuyait des flots d'injures haineuses relatives à sa vie privée et à sa pensée. Cette haine anti-jaurésienne prit progressivement une ampleur nationale lorsqu'il s'engagea en faveur du capitaine Dreyfus, défendant Zola, et condamna l'armée. L'hostilité s'accrut avec ses prises de position contre la domination du capitalisme international, synonyme de guerre permanente.

Sa condamnation des grandes compétitions coloniales, son indignation face aux méthodes de conquête et à la cruauté déployée envers les populations indigènes, par exemple lors des événements du 15 mars 1908 à Zaouiet-el-Ourimi, dressèrent contre lui les milieux d'affaires liés à la colonisation.

On ne pardonnait pas non plus à Jaurès de dire que l'Alsace-Lorraine, perdue en 1870, ne devait pas être reconquise par les armes, qu'elle reviendrait à la France, à plus ou moins long terme, grâce aux progrès de la démocratie, du socialisme et à l'inéluctable fin de l'impérialisme militaire allemand.

Il pensait aussi que l'Internationale socialiste devait être le cadre de la réconciliation entre la France et l'Allemagne.

Ainsi fut-il accusé de trahir la France et d'être un agent allemand !

Les haines redoublèrent en 1913, lors de la discussion de la nouvelle loi sur le recrutement de l'armée. La durée du service militaire était alors de deux ans en France. Le gouvernement voulait la faire passer à trois, comme en Allemagne.

Jaurès, opposé à cette loi, fut taxé d'antimilitarisme.

Durant le mois de juillet 1914, il déploya toute son énergie pour s'opposer à la guerre. Il refusa de voter les crédits devant financer les troupes du président de la République Raymond Poincaré, en Suède, au Danemark et en Norvège, pour traiter de nouvelles alliances.

Il crut à la paix, sincèrement, follement, jusqu'à la fin. Le 31 juillet 1914, dans *L'Humanité*, son journal, il écrivait encore que tout pouvait s'arranger. Il espérait un geste du Royaume-Uni pour forcer les médiations entre la France et l'Allemagne.

Ce même 31 juillet, et alors qu'il attendait des nouvelles de Londres, il alla dîner avec son collaborateur Jean Longuet au Café du Croissant, rue Montmartre, à deux pas du journal.

Bientôt les rejoignirent une dizaine de personnes, journalistes, pour la plupart.

Placé entre Philippe Landrieu et Pierre Renaudel, Jaurès était adossé à la fois au mur et à la fenêtre ouverte ; Paris connaissait alors un été très chaud.

La salle n'était séparée de la rue Montmartre que par un brise-bise que Pierre Renaudel avait tiré pour que Jaurès fût à l'abri des regards indiscrets.

Invisible depuis la rue Montmartre, il ne l'était pas pour les passants qui regardaient à l'intérieur de l'établissement par les fenêtres de la rue du Croissant, perpendiculaire à la première.

Le dîner s'achevait, on se préparait à retourner au journal. Un des convives d'une table voisine était venu montrer à Landrieu une photographie de sa fillette. Deux coups de feu furent tirés. L'une des balles se perdit dans un mur du restaurant, l'autre toucha Jaurès à la tête, ce qui provoqua une très forte hémorragie.

Jaurès s'affala sur Renaudel.

Le Dr do Rio Branco fut appelé. Il confirma la nouvelle : Jean Jaurès était mort.

Selon *L'Humanité* du 1er août, la femme d'Ernest Poisson, qui dînait avec son mari et l'homme politique, se serait exclamée : « Jaurès est mort ! » Un mot qui pour la postérité deviendra : « Ils ont tué Jaurès ! »

Son épouse se trouvait alors dans la vaste propriété familiale, à Bessoulet. Louis, leur fils, passait des vacances avec un ami dans le Var. Ce fut Madeleine, Mme Delaporte à la ville, qui reçut le cadavre de son père.

Alors qu'il tentait de s'enfuir en prenant la direction de la rue Réaumur, l'assassin fut arrêté par un gardien de la paix, Georges Marty. Celui-ci l'avait vu accomplir son crime, il n'eut qu'à le ceinturer. Le meurtrier fut aussitôt conduit au commissariat de la rue du Mail. En chemin, Marty lui demanda la raison de son geste : « Parce qu'il n'a pas voté la loi des trois ans. » On lui avait retiré l'arme du crime, un petit revolver allemand Hammerless.

Au poste, il refusa de décliner son identité, assuma son geste, résuma ce qu'il avait fait et conclut ses propos par cette phrase : « Je ressens un profond sentiment du devoir accompli. »

Après plusieurs heures d'interrogatoire, il avoua se nommer Raoul Villain ; il avait vingt-huit ans, était né le 19 septembre 1885 à Reims et était fils de Louis-Marie Gustave Villain, greffier en chef au tribunal civil de Reims, et de Marie-Adèle Collery.

La nouvelle de la mort de Jaurès se répandit dans Paris avec une rapidité extraordinaire. Vers 22 heures, les journaux se vendaient déjà dans toutes les rues de la ville au cri de « édition spéciale, Jaurès est mort ».

Des manifestations s'improvisèrent, notamment à Belleville et place de la République. Plus de 5 000 personnes se rassemblèrent devant le siège de *L'Humanité* pour partager leur colère.

On pleurait, on réclamait le châtiment de l'assassin, que l'on crut être un Camelot du roi*. La France de gauche était sous le choc. Si certains milieux d'extrême droite ont pu se réjouir en privé, la plupart de ses opposants, à commencer par le virulent Léon Bloy, demandaient de la dignité.

Villain fut incarcéré à la prison de la Santé dès le 1er août, dans le quartier de « grande surveillance ».

Les obsèques de Jaurès eurent lieu à Paris le 4 août 1914, et l'inhumation se fit chez lui, à Albi.

La déclaration de guerre de l'Allemagne à la France, le 3 août, reporta le procès de Raoul Villain. L'enquête révéla une enfance perturbée par la folie de sa mère et ses internements en asile psychiatrique.

* La Fédération nationale des Camelots du roi était un réseau de vendeurs du journal *L'Action française* et de militants royalistes qui continuaient le service d'ordre et de protection du mouvement du même nom. Ce réseau fut actif de 1908 à 1936.

Le procès fut plusieurs fois retardé, et les éléments du dossier, jugés trop maigres, furent mal traités. En 1915, puis en 1917 et 1918, Villain fut soumis à des analyses psychiatriques pratiquées par différents médecins. Tous disaient que la maladie de sa mère était héréditaire et que Villain en était certainement atteint.

Finalement, le procès fut inscrit pour la session de mars 1919. Il s'ouvrit le 24 et s'acheva le 29 par les plaidoiries de ses avocats, Mes Zévaès et Géraud.

À la question : Villain a-t-il commis un homicide volontaire sur la personne de M. Jaurès ? Le jury déclara : Non.

L'idée d'irresponsabilité arrangeait tout le monde. Le crime n'était pas politique, il était celui d'un malheureux irresponsable, comme les avocats de Villain avaient mis tant d'énergie à le démontrer, version qui, malgré les efforts de la partie civile, plaisait aussi au président du tribunal et à toute la classe politique.

Le jugement ne provoqua aucun incident dans la salle d'audience, mais surprit les Français. Villain, acquitté, était donc libre.

Il finit sa vie aux Baléares, sur l'île d'Ibiza. La guerre d'Espagne eut raison de lui. Les républicains, se souvenant de son geste de 1914, ne l'épargnèrent pas, d'autant qu'il ne cachait pas son soutien aux idées franquistes. Il fut assassiné par des opposants à Franco en septembre 1936, trois ans avant qu'une autre guerre n'éclate entre la France et l'Allemagne.

12 Pages 12 Pages
Le Petit Journal illustré
HEBDOMADAIRE
61, rue Lafayette, Paris
PRIX : 0 fr. 30
13 Novembre 1921

Landru rend ses comptes

Après une instruction qui a duré plus de deux ans, l'homme de Gambais, l'assassin présumé de dix femmes, paraît enfin devant la Cour d'Assises de Versailles.

Le charme ravageur d'un galant meurtrier

« Moi ? J'ai fait disparaître quelqu'un ?
Eh bien, ça alors ! Si vous croyez
ce que racontent les journaux ! »

Henri-Désiré Landru,
30 novembre 1921, tribunal de Versailles

Le visage de la criminalité évolua considérablement lors de la Première Guerre mondiale. La mobilisation des jeunes hommes fit disparaître toute délinquance, notamment dans les quartiers nord-est et sud-est de la capitale. L'espionnage et le défaitisme polarisaient toute la répression. Les infanticides et les avortements furent en constante augmentation – les couples s'étaient séparés ou les époux étaient morts dans les tranchées –, ceci s'ajoutant aux problèmes de ravitaillement. Un contexte qui laissa libre cours aux méfaits des escrocs et des meurtriers, trop âgés pour être mobilisés. Henri-Désiré était un de ceux-là.

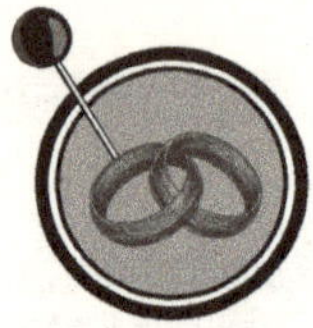

Il naquit en 1869, alors que le Second Empire commençait à battre de l'aile, dans un milieu modeste, sur la colline de Belleville. Son père était chauffeur de four aux forges de Vulcain, et sa mère, couturière. Il avait aussi une sœur, Florentine, d'une quinzaine d'années de plus que lui.

Ses parents déménagèrent et s'installèrent sur l'île de la Cité, rue du Cloître-Notre-Dame. À l'époque, un quartier encore fort pauvre. L'enfant paraissait doué pour les études, obtenait de bons résultats scolaires. Il était pratiquant et servait comme enfant de chœur à l'église Saint-Louis-en-l'Île.

Ses parents auraient rêvé pour lui une carrière ecclésiastique. Lui se voyait architecte. Des études qu'il commença mais abandonna vite. À son retour du service militaire, en 1893, il se mariait.

La jeune femme se nommait Marie-Catherine Rémy. Très vite, le couple devint une famille, quatre enfants naquirent. Tant de bouches à nourrir obligent à gagner plus d'argent. Landru, depuis son retour de l'armée, avait cumulé les emplois et exercé divers métiers : commis d'architecte, comptable, conducteur de travaux, entrepreneur de plomberie.

Il bascula dans l'escroquerie en 1900, lorsqu'il prétendit être l'inventeur d'une bicyclette à pétrole. Il encaissa les acomptes versés à la commande, mais ne livra jamais rien. L'affaire ayant été juteuse, il multiplia ces activités, sous des pseudonymes divers. Mais il y eut des plaintes, et il fut condamné une première fois, mais par défaut, en février 1902, à trois ans de prison. Puis une seconde fois, l'année suivante. Là, il fut pris en flagrant délit et dut accomplir sa peine : deux ans.

Un mois après sa sortie de prison, le démon de l'argent le travaillant toujours et alors même qu'il avait délaissé femme et enfants, il était condamné pour abus de confiance.

Lorsqu'il fut libéré, trois ans plus tard, il entreprit de se lancer dans l'escroquerie matrimoniale, disparaissant avec les titres de sa fiancée, ce qui lui valut encore trois ans de prison. En juillet 1914, il était de nouveau condamné par défaut, pour quatre ans cette fois, au bagne de Guyane pour la revente d'un garage.

Depuis longtemps, Landru ne vivait plus sous son véritable nom. Les historiens avancent qu'il aurait utilisé plus de 90 pseudonymes pour parfaire ses vols, ses escroqueries et bientôt ses meurtres, car le contexte de la guerre allait lui offrir de nouvelles perspectives. Reprenant son idée d'escroquerie au mariage, et malgré ses quarante-cinq ans, il se lança dans l'aventure. Il se fit passer pour un riche veuf, et fit paraître dans plusieurs journaux, comme *L'Écho de Paris*, des annonces matrimoniales qui suscitèrent l'attention de 283 femmes seules, divorcées ou veuves, jeunes ou plus âgées.

L'apprentissage de la séduction qu'il avait dû mettre en œuvre pour réussir toutes ses précédentes escroqueries lui fut fort utile. Son regard envoûtant et sa voix suave, perfectionnés par des années d'expérience, lui permirent de séduire celles qu'il estimait pouvoir dépouiller de leurs biens et faire disparaître sans encombre.

Aux premiers rendez-vous donnés dans un grand restaurant succédaient ceux proposés dans une chambre meublée de la capitale, puis venait un séjour dans une villa de campagne, d'abord à La Chaussée, près de Chantilly, puis à Vernouillet, enfin à Gambais.

Le scénario était toujours le même : séduction, promesse de mariage, visite du patrimoine du futur époux. Il s'achevait lorsque la future mariée lui cédait ses biens par procuration. L'acte signé, celle-ci disparaissait juste avant les fiançailles. Quelques jours plus tard, ses proches recevaient un coursier annonçant son départ en province ou à l'étranger.

Les premières victimes auraient été Jeanne Jamast, trente et un ans, veuve Cuchet, et son fils de dix-sept ans, disparus en février 1915. La dernière fut Marie-Thérèse Marchadier, trente-huit ans, en janvier 1919.

Au total, ce furent au moins 11 victimes que Landru séduisit pour les voler et les tuer.

Maniaque, celui-ci changeait de nom avant chaque aventure – il fut successivement appelé Fremyet, Guillet, Dupont, Natier, notamment –, notait sur un cahier toutes ses opérations, avec la date et l'heure à la minute près : rencontres (jusqu'à sept par jour), achats de fleurs, de scies à métaux ; dîners, ou billets de train (un aller-retour pour lui, un aller simple pour la dame), vente des biens, valeur des objets (jusqu'aux dentiers) de ses fiancées.

Ses victimes avaient entre dix-neuf ans – Andrée Babelay – et cinquante et un ans – Marie-Angélique Pelletier – et vivaient presque toutes dans l'Est parisien.

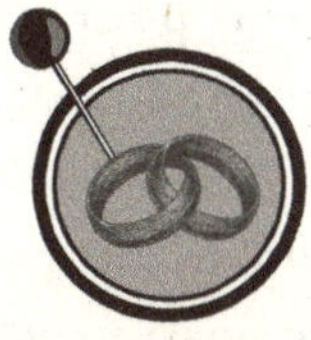

Son entreprise fonctionna sans encombre cinq années durant. Mais, le 12 avril 1919, il fut arrêté à son domicile, 76, rue de Rochechouart, suite à l'enquête ouverte peu de temps auparavant sur la plainte de proches de deux victimes, notamment celle d'une amie de Célestine Lavie, veuve Buisson, disparue en août 1917. Elle avait croisé le « fiancé », rue de Rivoli, en compagnie d'une autre dame. Ce fut le commissaire Dautel qui retrouva sa trace.

Grâce au carnet de Landru et aux papiers et vêtements des fiancées, découverts dans son garage à Gambais, la police put mettre un nom sur certaines de ces femmes disparues mystérieusement dans la capitale.

Mais où se trouvaient donc les corps ?

Les fragments d'os humains retrouvés dans la cuisinière et le hangar de la villa de Gambais ne firent que confirmer la conviction de la justice. Landru découpait ses victimes et les faisait disparaître en les brûlant.

Le procès eut lieu devant les assises de Versailles entre le 7 et le 30 novembre 1921.

La presse se délecta de l'affaire, des journaux comme *Le Petit Parisien* proposant presque quotidiennement un résumé de l'enquête, consacrant à chaque nouvelle victime identifiée un portrait sommaire. Tout le monde se passionnait pour le nouveau Barbe-Bleue.

Le Tout-Paris se pressa pour assister aux 20 audiences. Les élégantes du faubourg Saint-Germain y côtoyaient des écrivains, dont Colette, mais aussi des acteurs et des chanteuses en vogue tels que Dranem, Mistinguett et Maurice Chevalier.

Rarement procès fut aussi proche de la pièce de boulevard, car Landru fit le spectacle. Il se présenta comme un simple marchand de meubles, ayant exclusivement des relations commerciales avec les femmes nommées par le procureur général. Il proclamait en outre, avec le soutien de l'avocat et politicien Me de Moro-Giafferri, être innocent des crimes qu'on lui imputait, l'absence de cadavres l'attestait, les restes trouvés pouvaient très bien appartenir à des animaux. Landru n'avait jamais caché en avoir tué.

Prenant des notes, tout au long du procès, il donnait des leçons à la police et aux magistrats, leur tenant tête à l'occasion, par des répliques qui faisaient le bonheur du public et des journalistes.

Tout spectacle a une fin et, le 30 novembre 1921, Landru fut condamné à mort et fut exécuté le 25 février 1922. Comme Lacenaire et quelques autres, Landru resta dans l'histoire criminelle, davantage en raison de l'emploi que la littérature, le théâtre puis le cinéma firent de ses crimes que par l'originalité de ceux-ci.

PARTIE 5

De l'entre-deux-guerres à la reconstruction

PARIS MONUMENTA

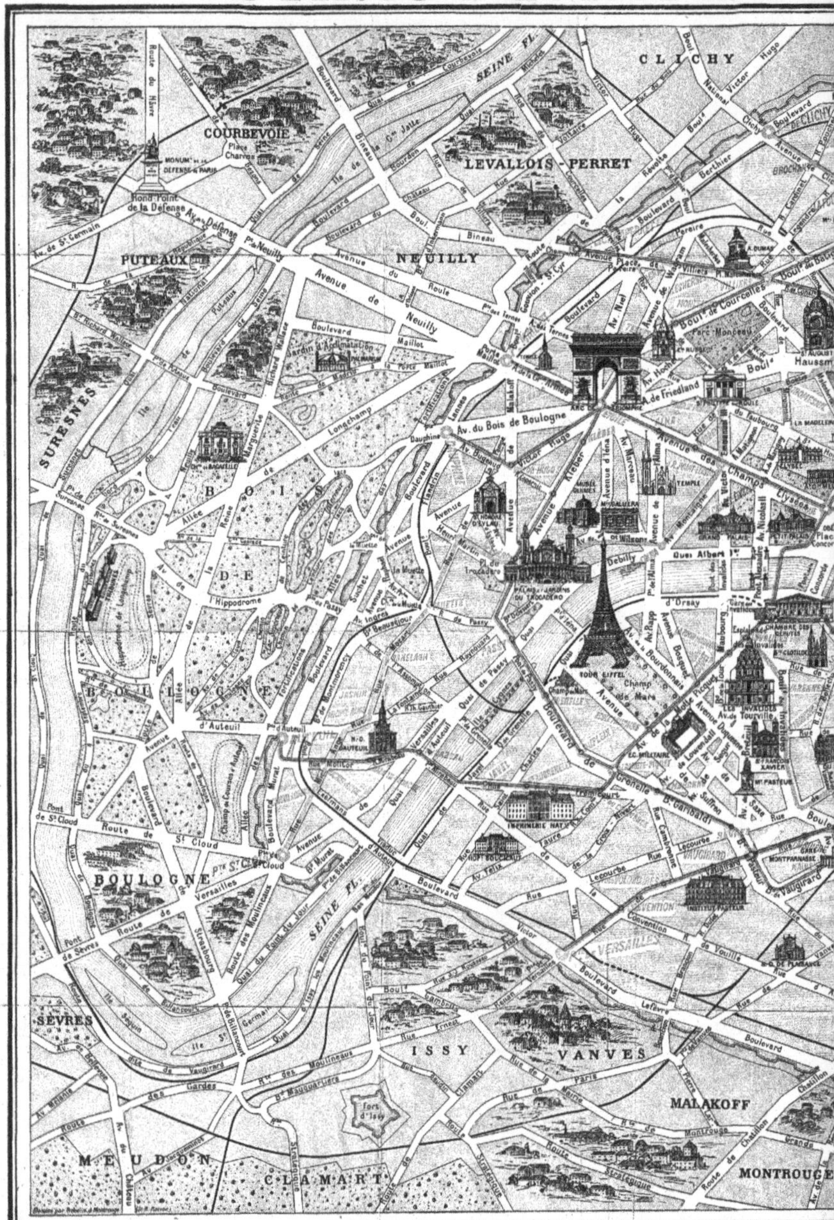

Lignes du NORD-SUD

MÉTROPOLITAIN

ET MÉTROPOLITAIN

LES AFFAIRES CRIMINELLES DE LA PÉRIODE

1923 — Entrevue mortelle chez les royalistes

1928 — Affrontement fatal entre bijoutiers

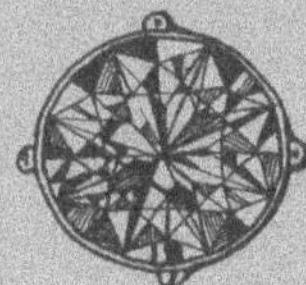

1931 — Un mort qui sauve la vie

1933 — Un amour filial délétère

1937 — Crime parfait dans le métropolitain

1937 — Le tueur au regard de velours

1942 — Il était une fois le démon incarné

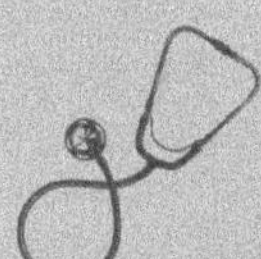

1946 — De la Gestapo au grand banditisme

MES DATES CLÉS

28/06/1919
Signature du traité de Versailles entre l'Allemagne et les Alliés, actant la fin de la Première Guerre mondiale.

24/09/1924
Décès du médecin légiste Alexandre Lacassagne. Il défend la théorie de l'anthropologie criminelle et met en avant l'importance du milieu social chez les criminels.

24/06/1939
Albert Lebrun, président de la République, interdit la présence du public aux exécutions.

03/09/1939
Après l'invasion de la Pologne par l'Allemagne, la France déclare la guerre à la nation hitlérienne.

27/10/1946
Promulgation de la Quatrième République.

UN DRAME A L'« ACTION FRANÇAISE »

M. MARIUS PLATEAU

secrétaire général de la Ligue d'Action française tué à coups de revolver par une jeune anarchiste

LA MEURTRIÈRE TENTE DE SE DONNER LA MORT

Dans la journée, elle avait en vain essayé d'approcher M. Léon Daudet puis M. Charles Maurras

M. Plateau et le bureau dans lequel le drame s'est déroulé

Un drame navrant est venu jeter hier la consternation parmi les collaborateurs de l'*Action Française*, dont les bureaux sont installés 12, rue de Rome. M. Marius Plateau, secrétaire général de la Ligue d'Action française et des « Camelots du roi », a été assassiné par une jeune anarchiste qui a tenté de se suicider.

La genèse du drame

Samedi dernier, vers midi, une toute jeune femme, petite, noiraude, aux cheveux coupés court, au visage émacié, aux grands yeux caves, se présentait au domicile de M. Léon Daudet, rue Saint-Guillaume. Après avoir indiqué qu'elle était étudiante, se nommait Germaine Berton et était déléguée du comité communiste de défense des marins, elle insista pour être reçue par le député de Paris, annonçant qu'elle avait à lui faire de graves révélations. Un domestique lui répondit que M. Daudet ne recevait ja-

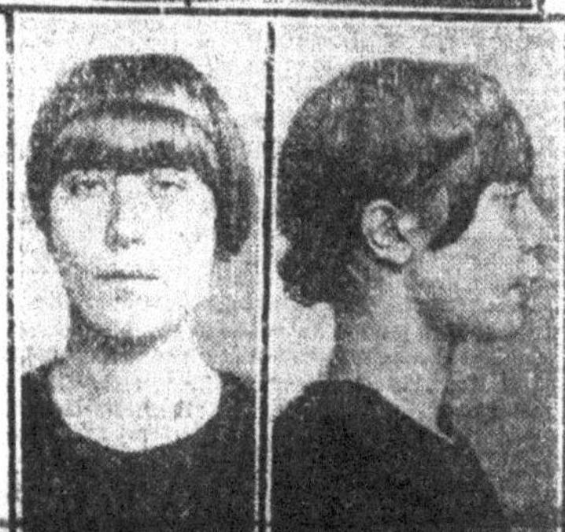

La meurtrière

Entrevue mortelle chez les royalistes

« Germaine Berton, nous l'aimons bien fort parce que son geste est la seule réponse logique que l'on puisse faire aux rugissements de haine des chacals de la réaction. »

Le Libertaire

Le 22 janvier 1923 était assassiné, dans les locaux du journal royaliste *L'Action française*, Marius Plateau.

Né à Paris en juillet 1886, il avait fait de bonnes études, était devenu ingénieur civil et se passionnait pour la politique. Il avait rejoint l'Action française en 1908. Ce mouvement nationaliste et royaliste, favorable au retour des Orléans au pouvoir, prit naissance en 1899, en pleine affaire Dreyfus. Antidreyfusards notoires, ses membres, qui appartenaient autant au peuple ouvrier catholique qu'aux milieux intellectuels littéraires et universitaires, soutenaient la pensée de leur mentor, Charles Maurras, auteur de la doctrine du nationalisme intégral. Un courant de pensée qui s'opposait frontalement à d'autres, tout aussi extrêmes : l'anarchie, le socialisme révolutionnaire, incarné par le Parti communiste de 1921, et divers mouvements syndicalistes, favorables à la révolution prolétarienne, telle qu'elle se déroulait en URSS.

Lors de la déclaration de guerre, en août 1914, Plateau était sergent de réserve au 355e régiment d'infanterie. Il devança l'appel de sa classe et s'illustra à Port-Fontenoy le 20 septembre 1914. Mais il y fut blessé et fut soigné au Val-de-Grâce. Il ne retourna plus dans les tranchées. À la fin de la guerre, son engagement politique se confirma et il devint un membre influent de l'Action française.

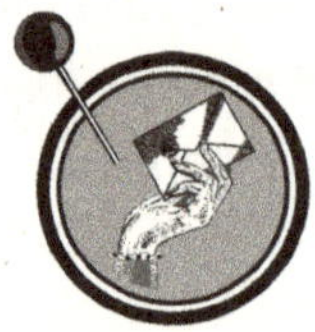

Son assassin était une femme, Germaine Berton.

Née à Puteaux le 7 juin 1902, elle grandit à Tours. Là, elle obtint son brevet supérieur et fréquenta l'école des Beaux-Arts. À la mort de son père, elle quitta sa mère, institutrice, pour faire sa vie à Paris.

Très vite, elle rejoignit les milieux anarchistes de la capitale, et collectionna les amants, comme la doctrine politique l'autorisait ; elle participa également à de nombreux cambriolages, poussant l'anarchie jusqu'à l'illégalisme.

Le 22 novembre 1921, elle était condamnée à trois mois de prison et 25 francs d'amende pour outrage et violences envers le secrétaire du commissariat de Saint-Gervais. Détenue à Saint-Lazare, elle fut libérée avant la fin de sa peine, le 5 janvier 1922.

Quelques mois plus tard, le 21 juin 1922, elle était de nouveau arrêtée, pour complicité dans un cambriolage commis au 20, rue Franklin, à Saint-Germain-en-Laye. Plusieurs toiles de maître y avaient été dérobées. Lors de son arrestation, elle était vêtue d'une robe rouge et portait un poignard. Dans son sac, outre les titres dérobés à une épicière de la rue Saint-Maur quelques jours plus tôt, fut trouvé un brouillon de lettre qui semblait indiquer que la jeune fille était l'auteur de l'attentat manqué commis le 19 octobre 1921 contre M. Myron T. Herrick, ambassadeur des États-Unis en France.

Germaine Berton ne répondit à aucune question lors de son interrogatoire, mais elle assura froidement qu'elle commettrait, tôt ou tard, un assassinat politique.

Elle comparut devant le tribunal correctionnel, qui écarta le délit de complicité de cambriolage et la condamna seulement à un mois de prison pour port d'arme prohibé.

Parallèlement, Germaine Berton fréquentait de plus en plus régulièrement les membres du journal *Le Libertaire*, sans y participer. Elle n'avait pas de logement fixe, vivait dans des hôtels meublés, rue Saint-Jacques, rue de Vaugirard, boulevard du Port-Royal ou rue Pierre-Nys. À ses logeurs, elle disait être employée de bureau, étudiante en droit, chanteuse de cabaret. Elle ne restait jamais au même endroit plus de deux mois.

Lors des manifestations organisées par les mouvements libertaires dans les rues de Paris, les royalistes de l'Action française s'opposaient à eux. Ceux-ci faisaient par ailleurs régulièrement des « descentes » lors des réunions anarchistes qui s'achevaient par des bagarres générales.

En janvier 1923, les Camelots du roi avaient monté une expédition de destruction des journaux d'extrême gauche. Ils s'étaient d'abord rendus dans les locaux de *L'Œuvre*, rue Louis-le-Grand. Ils étaient entrés dans l'imprimerie et en quelques secondes, à l'aide de matraques et de cannes plombées, avaient brisé les vitres de la porte d'entrée des ateliers et mis hors service neuf machines Linotype, sans être inquiétés.

Ils avaient reconduit leur action dans les bureaux de *L'Ère nouvelle*, rue Taitbout.

Mais la police surveillait les Camelots et, à leur sortie, tenta de les arrêter. Il y eut une première bagarre, et trois arrestations. Puis ils réussirent à se regrouper et décidèrent d'attaquer aussitôt les locaux de *L'Humanité*, rue Montmartre. La police fit barrage, il y eut de nouveau lutte et une dizaine d'arrestations.

C'est dans ce contexte que Germaine Berton décida de passer à l'acte. Son idée première était de tuer l'une des plumes les plus importantes de *L'Action française*, Léon Daudet.

Député de la Seine, polémiste de renom, il était la cible idéale.

Elle vint frapper à la porte de son domicile, le samedi 21 janvier. Refusant de recevoir une personne qu'il ne connaissait pas, il lui fit répondre par son employée qu'elle devait s'en aller et que, si elle avait quelque chose à lui dire, il fallait qu'elle le notât sur un morceau de papier.

Elle rédigea ceci : « J'ai assisté à une réunion des anarchistes. Ils ont décidé de saboter l'Action française et de faire irruption chez vous, la nuit. Je ne suis pas anarchiste et m'offre de vous fournir tous renseignements. »

Daudet lui fit répondre de se rendre au journal dans l'après-midi entre 14 heures et 17 heures et de demander son secrétaire, Jacques Allard, ce qu'elle fit. Allard était en compagnie de Plateau. Celui-ci ne la prit pas au sérieux, crut à une quémandeuse et la renvoya. Elle revint le lundi, avec selon ses dires de nouvelles informations.

Plateau la laissa entrer dans son bureau. Mal lui en prit, car elle lui tira dessus.

Elle fut arrêtée aussitôt, et un procès politique s'engagea.

Les royalistes comparèrent la mort de Plateau à celle de Jaurès. Sans le savoir, ils donnèrent à la défense un coup de main formidable. Puisque l'assassin de Jaurès avait été acquitté, Germaine Berton devait l'être aussi. « Paix pour tous », avait conclu son avocat. Les jurés le suivirent. Le 24 décembre 1923, Germaine Berton était libre.

Elle ne fit plus parler d'elle. Elle se maria à un peintre originaire des Pays-Bas ; après un suicide raté au Véronal, elle mourut dans les troubles de l'Occupation de 1942.

Devenue « la première antihéroïne surréaliste », elle fut pour André Breton l'incarnation de « la Révolution et de l'amour ». Transgressant violemment l'ordre social et sexué, elle a tué pour ses idées, et revendiqué son crime dans une France qui rechignait à accorder la citoyenneté politique aux femmes.

Le plus fort tirage des illustrés du Monde
3e Année - N° 75 1 FR. 50 - TOUS LES JEUDIS - 16 PAGES 3 Avril 1930

DÉTECTIVE

Le grand hebdomadaire des faits-divers

Le tragique destin

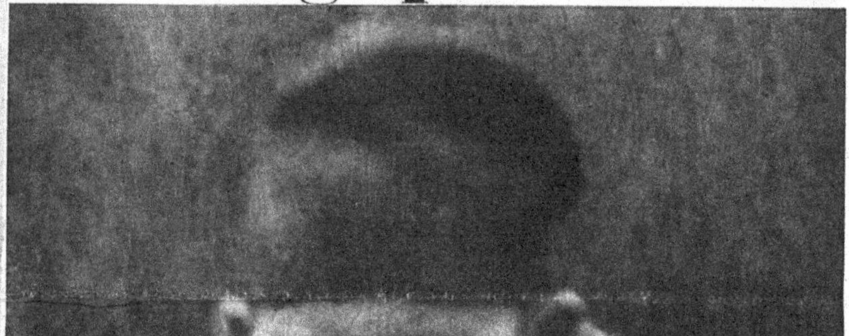

de Charles Mestorino

Au premier plan, Mestorino, l'assassin de Truphème, parmi ses compagnons de chaîne.

(Lire, pages 4 et 5, l'article de Paul Bringuier.)

Affrontement fatal entre bijoutiers

« Oui c'est vrai, c'est moi qui ai tué Truphème.
[…] Une violente dispute éclata alors entre nous deux.
Truphème m'insulta. Hors de moi, fou de rage,
je le frappai d'un coup de poing au menton.
Il tomba et sa tête heurta le coin de la table.
Deux minutes il resta étendu sans connaissance.
Puis revenant à lui il se mit à crier et à appeler à l'aide. »

Aveux de Mestorino aux inspecteurs

Traversant la forêt d'Armainvilliers, près d'Ozoir-la-Ferrière, le 28 février 1928, quatre livreurs de l'usine commerciale de Meaux aperçurent soudain des flammes s'élevant d'un fossé. Il était 9 h 30 du matin. Ils s'arrêtèrent, s'approchèrent, virent un corps qui flambait. Ils éteignirent le feu et allèrent chercher les gendarmes.

Un homme avait été assassiné, ligoté, recouvert d'une couverture de voyage, mis dans un sac puis arrosé d'essence. La victime devait avoir trente-cinq ans, de taille moyenne, vêtue d'un costume de qualité, fait sur mesure. C'était un homme, d'apparence soignée, ses pieds comme ses mains n'étaient pas ceux d'un ouvrier. Malgré les brûlures au visage, une blessure pénétrante à la base du crâne était fort visible. En outre, son arcade sourcilière gauche était entaillée.

L'autopsie faite à l'hôpital de Tournan révéla qu'il avait également le poignet gauche brisé et qu'il devait être mort bien avant qu'on ait cherché à le faire disparaître.

À l'annonce de la découverte, plusieurs personnes se présentèrent au commissariat pour attester de ce qu'elles avaient vu. Grâce au témoignage d'un jeune homme, il fut possible de préciser l'heure à laquelle le ou les assassins avaient mis le feu à leur victime. Un peu avant 9 h 30, il avait aperçu vers Brie-Comte-Robert une voiture couleur café au lait qui roulait lentement. Son chauffeur, assez jeune, moustache à la gauloise, avait jeté un bidon d'essence dans le fossé et était reparti rapidement.

Sur les étiquettes des vêtements non brûlés et les échantillons de tissu, il fut possible de retrouver à la fois le tailleur et le nom du client. Ce dernier se nommait Gaston Truphème et était courtier, au service de Mme Van Severen, négociante en pierres précieuses, 2, rue de la Bourse.

Le jeune homme habitait aussi chez elle. On retrouva ses parents. Le père vint à la morgue pour identifier le corps. Il ne fit que confirmer l'avis de la joaillière. Le corps calciné était bien celui de son fils.

Il avait disparu après 11 h 50 le lundi 27. Son emploi du temps fut reconstitué et l'on interrogea son entourage sur sa vie.

Si l'homme vendait bijoux et pierres précieuses dans la journée, le soir, il fréquentait des établissements de nuit, non pas pour boire mais pour jouer du saxophone. Les clubs de Paris, mais aussi de Choisy-le-Roi, Saint-Germain-en-Laye et Versailles le connaissaient bien. On ne lui connaissait pas d'aventures amoureuses.

Quant à sa matinée du lundi, elle se déroula ainsi : à 9 h 30, il avait conversé avec un joaillier de la rue de Lafayette, M. Le Filleul.

À 9 h 50, il recevait du bijoutier Charles Mestorino une somme de 35 000 francs.

À 10 heures, il télégraphiait à sa patronne et logeuse pour la prévenir qu'il ne pourrait pas être avant 13 heures à leur déjeuner.

À 10 h 15, il se présentait à la Banque de l'Union parisienne et y retirait 35 000 francs, somme qu'il devait remettre à M. Soestier, rue Cadet, adresse du Syndicat des négociants et courtiers.

À 11 heures, il était au 54, rue de Lafayette, chez M. Lehmonne, pour lui présenter deux pierres.

À 11 h 50, il était rue de Provence chez M. Soestier.

Puis… l'inconnu !

Gaston Truphème avait donc sur lui les 35 000 francs de Mestorino, 2 900 francs de son argent personnel et, selon les estimations de sa patronne, pour 169 000 francs de perles et pierres précieuses.

Les comptes de Mestorino furent épluchés. Il n'avait pas cette somme, ni à son atelier ni sur son compte bancaire. Il fut interrogé une seconde fois. Il ne pouvait plus rien cacher.

Ce bijoutier d'origine italienne s'était installé à Paris en 1920 pour y exercer son métier. S'il avait choisi cette ville, ce n'était pas pour les affaires mais pour se rapprocher d'une femme dont il était tombé amoureux, Germaine Charnaux, alors qu'il n'avait que dix-huit ans. Celle-ci lui avait préféré un Péruvien, qu'elle avait épousé en 1912. Parti à la guerre en Italie, il était donc revenu avec l'intention de faire fortune pour lui plaire à nouveau.

Cela fonctionna certainement puisqu'elle divorça et épousa Charles Mestorino. Si son atelier était dans un petit appartement au 5e étage de la rue Saint-Augustin, pour elle, il avait acheté une villa à La Varenne. Mais, avec la crise, les affaires marchèrent moins bien. Il eut besoin de liquidités et s'adressa à son ami Gaston Truphème, qui lui fit un prêt. Le 25 juin au soir, avant de le quitter, Truphème lui avait rappelé qu'il avait besoin de 35 000 francs pour le lundi suivant et qu'il passerait les chercher à 10 heures.

Mais Mestorino n'avait pas cette somme. Il lui demanda de repasser à midi. Les 35 000 francs devaient être pour Soestier. Quand Truphème revint les réclamer, Mestorino n'avait toujours pas l'argent. Cette fois, le jeune Truphème se mit en colère, Mestorino le frappa, une bagarre s'ensuivit, un coup de poing de Mestorino le mit à terre. Armé d'un triboulet de cuivre et d'acier utilisé en bijouterie, il s'acharna sur Gaston Truphème, qui ne bougeait plus. Les bruits de lutte et les cris suscitèrent l'inquiétude des ouvriers. Suzanne Charnaux, la belle-sœur de Charles Mestorino, barra le passage aux ouvriers trop curieux qui sortirent déjeuner et resta avec son beau-frère et le cadavre.

C'est ensemble qu'ils imaginèrent le scénario qui devait permettre de faire disparaître le corps dans la nuit.

Arrêté, Mestorino fut jugé et condamné au bagne à perpétuité. Mais, de santé fragile, il décéda le 4 mars 1930 aux îles du Salut, en Guyane.

Le romancier Arthur Bernède fit de son histoire une fresque historique quelques années plus tard, en le surnommant « l'homme-escroc ».

PARAIT LE DIMANCHE
42e Année N° 2160

50 cent.

On s'abonne dans tous les bureaux de poste.

15 MAI 1932

L'ILLUSTRÉ DU PETIT JOURNAL

GRAND HEBDOMADAIRE POUR TOUS

ABONNEMENTS

	3 mois	6 mois	Un an
France et Colonies..	6.»	12.»	24.»
Etranger (tarif ordin.)	8.»	16.»	32.»
Angleterre et Suisse.	10.»	20.»	40.»

Reconstitution de l'abominable attentat perpétré le 6 mai 1932 contre M. le Président Paul Doumer.

Un mort qui sauve la vie

« Tant que le Président est en vie […],
il conserve entièrement son droit de grâce.
Vous avez fait votre devoir jusqu'au bout.
La cause d'Eugène Boyer était mauvaise…
Il est normal qu'il meure. »

Le procureur général à Me Henriquet
(après l'attentat contre Paul Doumer) qui demandait
à suspendre l'exécution d'Eugène Boyer

Il serait incroyable de penser que la mort d'autrui puisse sauver. Et pourtant…

En ce début d'année 1931, annonciatrice d'une crise économique et sociale sans précédent pour la France, Paris connaissait de sérieux problèmes de ravitaillement, notamment de viande. C'est dans ce contexte difficile qu'une rentière de quatre-vingt-un ans fut retrouvée morte rue Custine, dans le 18e arrondissement.

La victime se nommait Élisabeth Diemer et vivait seule ou presque. Elle louait à un commis de l'épicerie-charcuterie de la rue Ramey une chambre dans son appartement. Ce fut lui qui retrouva le corps le 18 janvier, lorsqu'il entra, à 21 heures, au domicile de la vieille dame. Il prévint les gendarmes aux Grandes-Carrières*. Lorsque ceux-ci interrogèrent la concierge, elle précisa que Mme Diemer était rentrée de ses courses à 17 heures et qu'elle n'avait pas bougé depuis.

Le meurtre avait donc eu lieu entre 17 heures et 21 heures. Un crime crapuleux, à n'en pas douter. L'appartement avait été fouillé. Renseignements pris, le butin fut rapidement estimé : 23 000 francs en titres et 5 000 francs en billets de banque. Interrogé, le fils de la concierge précisa qu'il était monté voir Mme Diemer pour lui remettre une enveloppe à 19 h 40. Des voisins, de leur côté, avaient entendu la porte de son appartement se refermer vers 20 h 30. Ils ne s'étaient pas inquiétés, croyant qu'elle sortait.

Des tentatives d'assassinat de dames âgées avaient déjà eu lieu dans le quartier, rue Labat et rue André Del Sarte, mais les deux femmes s'étaient défendues.

L'autopsie révéla qu'Élisabeth Diemer avait été asphyxiée, avec un chiffon dans la bouche, puis étranglée. Les cartilages du larynx étaient fracturés. Plusieurs côtes étaient

* Au nord de Paris, entre le 17e arrondissement et la butte Montmartre, le quartier des Grandes-Carrières tient son nom des carrières qui avaient été exploitées à ciel ouvert depuis le Moyen-Âge.

brisées. En outre, il y avait plusieurs plaies superficielles sur la tempe droite.

Le meurtrier, Eugène Boyer, fut rapidement appréhendé dans le quartier. Son procès fut bref, l'affaire était entendue : il était coupable et méritait la mort.

Dans sa prison, Boyer attendait. Il avait encore l'espoir d'une grâce présidentielle, mais elle tardait. Finalement, le 6 mai 1932, l'ordre de l'exécution fut donné pour le lendemain. Il avait été signé par le président Paul Doumer. Mais quelques heures plus tard le hasard fit basculer la triste destinée du jeune Eugène Boyer.

Ce même 6 mai, à l'hôtel Salomon de Rothschild, rue Berryer dans le 8e arrondissement, alors que Paul Doumer s'apprêtait à inaugurer la journée du livre des Écrivains combattants, un Russe répondant au nom de Paul Gorgulov – médecin exerçant à Prague, natif de Labinskaïa – tirait sur le président quatre coups de revolver. Deux balles le touchèrent, l'une à la tempe droite, l'autre à l'aisselle droite.

Transporté à l'hôpital Beaujon, sans connaissance, il subit immédiatement une ligature de l'artère auxiliaire, puis trois transfusions de sang. Mais rien n'y fit. Le président Doumer, âgé de soixante-quinze ans, décéda à 4 h 40.

Un condamné à mort ne pouvant être exécuté lors d'une vacance du pouvoir présidentiel, l'exécution de Boyer fut reportée, et avec elle ressurgit l'espoir d'une grâce, puisqu'il était de coutume pour chaque nouveau président de gracier le premier condamné à mort de son mandat.

Deux hommes pouvaient prétendre au siège : Paul Painlevé, ancien président du Conseil, et Albert Lebrun, président nouvellement réélu du Sénat. Sous la IIIe République, le président était élu au suffrage universel indirect, par les élus de deux chambres, le Sénat et l'Assemblée nationale, et on était alors en pleine campagne du second tour des législatives. Celui-ci eut lieu le 8 mai.

Le Parti radical avait considérablement progressé ; la France connaissait une résurgence de la xénophobie, avec une intensification de l'antisémitisme.

Le 10 mai 1932, le congrès était réuni à Versailles pour l'élection du président : il ne restait plus qu'une candidature.

Painlevé s'était retiré. Albert Lebrun obtint 633 suffrages sur 826 votants. Une fois élu, il n'oublia pas la tradition et, le 13 mai, gracia Boyer. Un geste que peu de gens remarquèrent, tout occupés qu'ils étaient par une affaire bien plus originale : l'enlèvement du fils du célèbre aviateur Charles Lindbergh.

Quant à Paul Gorgulov, son procès s'ouvrit devant la cour d'assises de Paris, le 25 juillet de la même année ; le verdict fut sans appel pour un assassin de président : la mort.

Paul Gorgulov demanda à être fusillé, mais la cour refusa, et c'est devant la guillotine qu'il se présenta le

14 septembre 1932. Le cas de l'assassin du président Doumer fut l'un des premiers à prendre en compte la responsabilité des actes d'un individu et l'état psychique de celui-ci. Cela n'aura pas suffi à le sauver, mais c'est une avancée majeure dans l'histoire judiciaire.

Nozière
704916

29.8.33

Un amour filial délétère

« Sa mort seule pouvait me délivrer de lui,
et c'est ainsi qu'est née peu à peu en moi
l'idée de l'empoisonner… »

Violette Nozière à propos de son père, lors de son procès

Cette affaire a défrayé la chronique et est entrée dans l'histoire, pourtant, le crime commis était en apparence assez banal : un parricide.

Mais celui-ci en cachait un autre. Un crime dont l'assassin était la victime, un crime qui gênait, dont on ne parlait pas, que l'on jugeait rarement, par honte, par pudeur : l'inceste. Ce fut peut-être pour cela que l'assassin, condamné à mort, fut d'abord gracié puis vit sa peine de prison se réduire considérablement, avant d'être totalement réhabilité en 1962, soit près de trente ans après les événements.

Violette Nozière, fille unique de Baptiste Nozière, quarante-huit ans, chauffeur mécanicien à la Compagnie des chemins de fer Paris-Lyon-Méditerranée, et de Germaine Joséphine Hézard, quarante-cinq ans, femme au foyer, regagnait le domicile de ses parents dans la nuit du 23 août 1933. Un appartement de trois pièces au 6e étage, 9, rue de Madagascar, à Picpus, dans le 12e arrondissement. Lorsqu'elle ouvrit la porte, une forte odeur de gaz l'empêcha d'avancer. Elle appela un voisin, M. Maillot, ferma le conduit de gaz et alerta la concierge. Les pompiers et les gardiens de la paix arrivèrent rapidement. Lorsqu'ils entrèrent dans l'appartement, ils virent Mme Nozière sur son lit, respirant difficilement, une blessure sur la tempe droite.

Dans la chambre de Violette, ils trouvèrent M. Nozière, un genou à terre, la tête appuyée sur le lit. Les oreillers et les draps étaient inondés de sang. L'homme ne semblait avoir aucune blessure, il respirait encore.

Une ambulance transporta le couple à l'hôpital Saint-Antoine. M. Nozière décéda pendant le trajet.

La police du quartier fit son enquête. La rumeur parlait de crime, de suicide, d'accident. Chacun y allait de son avis.

Violette fut interrogée. Elle avait dix-huit ans, avait fait sa scolarité au lycée Voltaire puis à Fénelon, rue de l'Éperon, mais avait abandonné ses études depuis un an. Elle reconnaissait mener une vie libre. La veille, le 22 août, vers 7 heures du matin, elle avait quitté ses parents, était allée chez le coiffeur puis chez la manucure. Vers midi, elle avait déjeuné avec un ami, boulevard Saint-Michel, et, par pneumatique, avait annoncé à ses parents qu'elle ne rentrerait pas dîner. Elle avait passé la soirée dans un établissement de Montparnasse puis dans un bal de Montmartre et était revenue au domicile de ses parents vers 1 heure du matin.

Cette déposition ne correspondait pas aux dires de sa mère, qui se remettait peu à peu de l'accident. Selon ses dires, Violette avait dîné à la maison. M. Nozière ne travaillait plus depuis plusieurs semaines. Il avait demandé un congé de deux mois suite à un accident grave sur un chantier. Pendant la soirée, ils avaient tous absorbé de la poudre blanche, que Violette tenait de son médecin, et elle ne se souvenait plus de rien.

Violette s'éleva contre cette déclaration. Sa mère était fiévreuse, elle devait délirer. La police n'en fit plus cas. L'emploi du temps déclaré par Violette fut contrôlé et reconnu exact. En outre, on sut qu'en plus de son accident M. Nozière était malade et avait de fréquentes hémorragies.

On fit l'hypothèse suivante : après le départ de Violette, M. Nozière, pris d'une grave hémorragie, aurait cherché à s'étendre sur le lit de sa fille. Impuissante à le secourir, sa femme s'était affolée puis avait songé à se suicider. Elle avait absorbé le contenu de trois sachets qui appartenaient à sa fille, pensant qu'ils contenaient une poudre toxique. Enfin, elle avait ouvert le gaz.

Mais l'autopsie, le 25 août, révéla l'empoisonnement. Violette avait disparu entre-temps. Elle avait accompagné le commissaire à l'hôpital pour une confrontation avec sa mère. Il la laissa un moment dans le bureau de la surveillante ; lorsqu'il revint, Violette n'y était plus.

On en apprit davantage sur son emploi du temps du 22. Elle avait passé l'après-midi dans un hôtel, près de la Sorbonne, rue Victor-Cousin, et avait rejoint en soirée une amie, Madeleine Debize. Ensemble, en compagnie de deux garçons, elles étaient allées à Montparnasse puis à Montmartre.

La drogue n'aurait alors pas été absorbée le jour de l'incident mais la veille.

En outre, une somme de 2 000 francs avait disparu de l'appartement. Une autre, de 1 000 francs, du sac à main de Mme Nozière. Par ailleurs, Violette, en quittant l'hôpital, avait oublié le sien, dans lequel fut trouvé du riz et de la mort-aux-rats.

Le 26 août, Violette, malgré les recherches et la publication de sa photo dans la presse, restait introuvable. L'enquête se poursuivait. La police apprit que la famille Nozière avait échappé à un incendie étrange survenu en pleine nuit, au mois de mai précédent.

Madeleine Debize fut interrogée et confirma avoir passé son après-midi et sa soirée avec Violette. Elle donna aussi le nom de l'amant de celle-ci, un étudiant en droit, Jean Dabin.

On retrouva Violette Nozière dans un café voisin de l'École militaire et on l'arrêta. Elle y avait donné rendez-vous à un jeune homme rencontré deux jours plus tôt sur les Champs-Élysées. Cet ingénieur n'avait pas vraiment cru à sa fable. Elle se disait fille du directeur du Paris-Lyon-Méditerranée, millionnaire, vivant rue de Bassano. Il avait appelé la police en remarquant la ressemblance avec la photo qui circulait en première page dans tous les journaux.

Lorsque Violette fut arrêtée, elle n'avait plus que 15 francs en poche.

Interrogée de nouveau, Violette Nozière en dit davantage. Elle n'avait pas voulu tuer sa mère, seulement son père. Celui-ci l'aurait violée régulièrement depuis des années. Le soir où elle révéla cette information, elle fut conduite à la prison de la Petite Roquette. La famille Nozière protesta, ses proches s'emportèrent. On savait qu'elle mentait à tous ses amis, elle mentait donc aussi à ce propos. Violette n'aurait été qu'une fille légère et mythomane.

Son amant confirma cette idée si rassurante. Elle prétendait être très riche et s'amusait à l'entretenir, lui donnant de quoi vivre chaque jour.

On ne la désigna plus que par le surnom « l'Empoisonneuse », et, lorsque certains évoquaient l'inceste, on criait au scandale.

Son procès s'ouvrit en octobre 1934. Alors que le roi Alexandre Ier de Yougoslavie était assassiné à Marseille le 9 par un révolutionnaire bulgare, Vlado Tchernozemski, et que l'on pleurait la mort dans le même attentat du ministre des Affaires étrangères, Louis Barthou, Violette se préparait à affronter la justice son pays.

La première audience eut lieu le 11.

Le 12, le verdict tombait. Elle était condamnée à mort. On n'avait pas voulu croire à sa version de l'histoire. À l'annonce de sa condamnation, elle se transforma en véritable furie. « Vous êtes des saligauds, vous me dégoûtez. Je maudis mon père, je maudis ma mère », lance celle qui, quelques heures plus tôt, disait avoir pardonné à son père son crime et ses mensonges « honteux ».

Pourtant, le président Lebrun commua sa peine en travaux forcés à perpétuité. En 1942, le maréchal Pétain la réduisit à douze ans de prison.

À sa sortie, en 1945, elle se maria avec le fils du greffier-comptable de la prison, avec lequel elle eut cinq enfants, travaillant dans plusieurs institutions hôtelières de Seine-Saint-Denis puis dans l'Orne. Celle que la presse avait surnommée des années plus tôt « le Monstre en jupons » fut réhabilitée en 1963 et mourut dans la région de Rouen en novembre 1966.

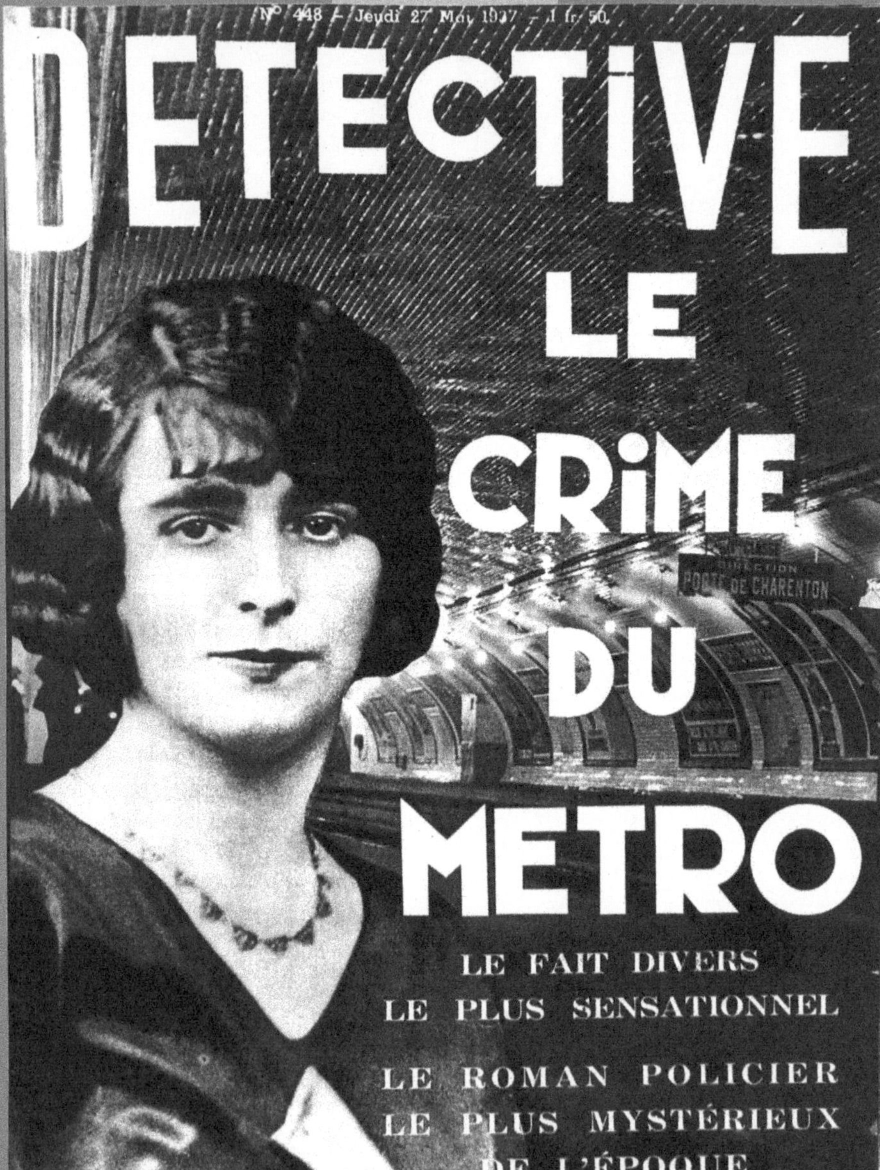
N° 448 – Jeudi 27 Mai 1937 – 1 fr. 50.
DETECTIVE
LE CRIME DU METRO
PORTE DE CHARENTON
LE FAIT DIVERS
LE PLUS SENSATIONNEL
LE ROMAN POLICIER
LE PLUS MYSTÉRIEUX
DE L'ÉPOQUE

Crime parfait dans le métropolitain

« Monsieur le commissaire, je ne sais si cette lettre vous parviendra. Peut-être sera-t-elle jetée au panier avant, comme l'œuvre d'un fou, et peut-être cela vaudra-t-il mieux. Sans doute vous souvenez-vous de l'assassinat de Lætitia Toureaux [...] dans le métro, le 16 mai 1937. Je suis l'assassin de Lætitia Toureaux... »

Lettre de l'assassin présumé,
médecin à Perpignan, en juin 1962

Station Porte Dorée, direction Porte d'Auteuil, dimanche 16 mai 1937 à 18 h 29. Un jeune dentiste suivi de trois femmes attendaient le métro. L'homme ouvrit la porte du wagon de première classe lorsqu'il se trouva nez à nez avec une femme vêtue d'une robe noire et d'un chapeau blanc. Celle-ci vacilla puis tomba devant lui face contre terre.

Une large tache de sang s'étendit immédiatement autour de sa tête. Il se pencha et aperçut un couteau, type cran d'arrêt, profondément planté dans le côté droit du cou.

Il regarda alentour, le wagon était vide. Les trois femmes sur le quai donnèrent aussitôt l'alerte. Le contrôleur de la ligne constata la blessure de la passagère et prévint la police, après avoir retiré le couteau de la plaie. Transportée d'urgence à l'hôpital Saint-Antoine, la victime succomba à son arrivée.

Un attentat mystérieux... Par où avait bien pu passer le tueur, puisque cela ne pouvait être un suicide ? Les passagers des wagons de seconde classe n'avaient rien vu de particulier. Aucune porte de communication n'avait été ouverte.

La police put identifier la jeune élégante grâce au sac retrouvé dans le métro : Lætitia Toureaux, née Nourrissat. Elle était d'origine italienne, du Val d'Aoste, et vivait à Paris, 3, rue Pierre-Bayle, dans le 20e arrondissement. On apprit qu'elle était veuve depuis 1935 de Jules Toureaux, mort de la tuberculose.

Le commissaire Baillet fut chargé de l'affaire. Il se rendit à son domicile. Mme Toureaux vivait seule dans un petit mais coquet appartement. Dans les tiroirs, il trouva une correspondance fournie avec plusieurs amants.

Il interrogea le concierge ; elle recevait peu, parfois sa mère, et plus rarement ses frères.

D'autres investigations permirent d'esquisser son portrait de manière plus précise. Si elle recevait peu, elle sortait souvent, fréquentait régulièrement les établissements montmartrois. Il fut possible de reconstituer à la minute près l'heure de son agression.

À 18 heures, alors qu'elle y était depuis le début de l'après-midi avec son frère, elle quittait le bal musette de Maisons-Alfort seule.

À 18 h 12, le receveur de la STCRP la remarquait en train d'attendre le bus qui se dirigeait vers Paris, seule.

À 18 h 15, elle montait dans l'autobus.

À 18 h 24, celui-ci étant arrivé à son terminus, elle en descendit, toujours seule.

À 18 h 27, elle était sur le quai de la station de métro Porte de Charenton et entrait dans le wagon de première, seule.

À 18 h 29, on découvrait son corps Porte Dorée.

Les agressions dans le métro n'étaient pas exceptionnelles, et les personnes agressées portaient souvent plainte, surtout lorsqu'il s'agissait d'attaques au couteau. Ainsi, le 4 novembre 1924, Mme Vaughan avait eu le cou tailladé à la station Pasteur par un déséquilibré. En mai 1930, Mme Saladin avait eu sa robe et son manteau coupés par un maniaque. La liste était longue.

Malgré cette reconstitution des faits, l'enquête n'avançait pas. Sans suspect, la police chercha davantage d'indices sur la vie et la personnalité de la victime.

Ils apprirent ainsi qu'elle tenait le vestiaire le soir au bal des « As de cœur ». Sa mère et ses quatre frères vivaient en France ; son père, agriculteur, était resté en Italie.

Élément plus intrigant, elle avait travaillé pour un détective privé, M. Rouffignac, dont les bureaux étaient au 31, rue Le Peletier, dans le 9e arrondissement, notamment sur plusieurs enquêtes et filatures. Mais pas assez dangereuses pour qu'elle soit assassinée, de l'avis de son patron.

Elle était membre actif d'une association aux principes fort humanistes, la Républicaine du bien public, qui avait pour but la sauvegarde de la dignité humaine et la lutte contre la misère. Pourtant, elle fréquentait l'ambassade italienne et rencontrait des membres du Parti national fasciste, alors que ses engagements paraissaient aller à l'encontre de ces idées. Il est probable qu'elle ait eu des accointances avec le mouvement d'espionnage italien créé par Eugène Deloncle, le Comité secret d'action révolutionnaire dit la Cagoule, considéré ultérieurement comme un groupuscule de droite dont l'action causa des centaines de morts avant et pendant la guerre.

Le samedi 13 mai, elle s'était confiée à M. Martin, chef de la station Philippe Auguste, faisant état d'une agression devant son domicile à laquelle elle avait mis fin en giflant l'individu, qui avait pris la fuite.

Enfin, son frère indiqua que Lætitia n'avait pas pour habitude de se déplacer en première classe. Il précisa que, le jour de son décès, elle portait une robe verte et non noire.

L'assassin de celle qui fut enterrée le 22 août au cimetière de Thiais restait donc une énigme, et les 307 personnes interrogées, les 56 témoins, les 23 enquêtes diligentées, sans parler des 2 000 lettres généralement anonymes reçues par la police, n'éclairèrent nullement ce crime du métropolitain.

Des années durant, et ce, jusqu'en 1962, la police reçut des lettres qui dénonçaient l'un, qui accusaient l'autre ; il y eut même un courrier signé par un homme qui se faisait passer pour le meurtrier lui-même, critiquant l'incompétence de la police dans ses recherches. Preuve, s'il en fallait, que cette histoire mystérieuse resta source de fantasmes et de conjectures en tout genre.

Le tueur au regard de velours

« Les "tricoteuses" mues par je ne sais quelle obsession de reliques se poussèrent et se battirent pour tremper leur mouchoir dans le sang du guillotiné. Cris, bousculades, scènes hystériques devant les gardes impuissants. »

Propos de Renée Jardin, l'avocate de Weidmann

En juin 1939, des bruissements annonciateurs de la guerre se faisaient entendre partout en Europe, même si nombreux furent ceux, notamment en France, qui s'obstinèrent à ne pas les écouter.

Le 17 juin de cette année, Eugène Weidmann allait expier ses crimes. Depuis le 31 mars et sa condamnation à la peine capitale, il savait ses jours comptés. L'homme était accusé de six meurtres, après enlèvement et vol.

Son histoire avait débuté en Allemagne. Né à Francfort en 1908, celui que la presse française appela « le tueur au regard de velours » avait eu une adolescence difficile et fit un long séjour en maison de correction. En 1931, et alors que l'Allemagne, sous la république de Weimar, vivait une crise économique et sociale sans précédent, il envisagea de monter une société de taxis. Ses parents lui offrirent sa première voiture. Il s'en servit pour monter un kidnapping, celui d'un riche héritier, contre rançon.

Mais, mal préparé, le projet échoua. Il fut arrêté, jugé puis condamné à cinq années de prison. Il changea souvent d'établissement. Dans l'un d'eux, il fit la connaissance de deux Français, Roger Million et Jean Blanc, qui purgeaient une peine pour trafic de fausses devises.

Libéré en 1937, Weidmann découvrit une autre Allemagne. La république démocratique avait laissé la place à un pouvoir dictatorial depuis 1933, conduit par un seul parti, le Parti National-Socialiste des Travailleurs Allemands (NSDAP). À la tête de ce nouveau régime : Adolf Hitler.

Les lois de la Nouvelle Allemagne interdisaient aux anciens prisonniers de sortir du territoire allemand. Pourtant, Weidmann se retrouva à Paris le 15 mai 1937. Avec ses comparses, libérés eux aussi, il reprit ses projets d'enlèvements. Du 23 juillet au 27 novembre 1937, ils attaquèrent six personnes. La première était une danseuse américaine, Jean du Koven, la dernière, un agent immobilier, Raymond Lesobre. Arrêtés peu après, les trois hommes et la maîtresse de Blanc, qui se faisait appeler Colette, passaient en justice.

Si celle-ci fut relaxée et si Blanc n'eut que vingt mois de prison, Million et Weidmann furent condamnés à mort. Il leur restait l'espoir d'être gracié. Le président de la

République n'était pas un partisan de la peine capitale. Les avocats de Weidmann, Me de Moro-Giafferi et Jardin, y crurent longtemps. La grâce vint, mais pour Million. Il partirait finir sa vie au bagne de Guyane.

Eugène Weidmann devait mourir pour ces crimes, certes, mais d'autres soupçons portaient sur lui. Un Allemand autorisé à sortir d'Allemagne inquiétait. Beaucoup pensèrent qu'il était un agent de la Gestapo chargé d'éliminer les opposants réfugiés en France.

Le 16 juin 1939, Weidmann sut qu'il allait mourir, avant même que la décision présidentielle fût publiée. Million, qui partageait sa cellule, avait été transféré en début de soirée.

Peu avant 20 heures, la rumeur gagna Versailles, où Weidmann était incarcéré. Ce serait pour cette nuit. En France, la coutume s'était peu à peu instaurée de décapiter avant l'aube. On se pressa près du palais de justice, proche de la prison.

En outre, la loi française n'avertissait le condamné du moment de son exécution que dans les dernières minutes. Peu avant minuit, quand les barrages n'étaient pas encore formés, des groupes de curieux s'étaient amassés devant la prison. Tous les cafés restés ouverts étaient combles. On attendait. On espérait voir.

1 h 10. Des barrières arrivèrent de la préfecture par fourgon et furent placées à cinquante mètres autour de l'entrée

de la prison, obligeant les curieux à reculer. On crut reconnaître Mme Lebrun, la mère d'une des victimes.

1 h 30. Le tumulte commençait, la foule devenait plus dense, il y eut des bousculades. D'autres gardes mobiles arrivèrent en renfort, pour contenir la foule. Mais celle-ci ne cessait de grossir.

1 h 35. Alors que M. Cochenet, chef de la police d'État de Versailles, rejoignait les lieux de l'exécution, il observa la foule et ordonna qu'on recule davantage les barrières. Il y eut de nouvelles bousculades, des cris, des gens tombèrent, une femme fut transportée au Café Calmela, blessée.

2 heures. Le fameux fourgon arrivait. Les lampes autour de la porte de la prison furent éteintes, ce qui provoqua les hurlements et les sifflets de la foule. Que voir dans le noir ? Du fourgon, on descendit les bois de la guillotine, et le montage commença à la lueur de quelques lanternes.

2 h 05. Les inspecteurs Bourquin et Poignant, que Weidmann avait tenté de tuer lors de son arrestation, se joignirent au rassemblement.

2 h 30. Les deux montants latéraux de la guillotine étaient dressés. La déclivité du trottoir avait rendu plus longue l'installation de base de l'appareil. Les aides du bourreau, M. Desfourneaux, étaient restés longtemps à la manœuvre.

Pour une raison inconnue, la guillotine ne fut pas montée parallèlement à la porte de la prison mais perpendiculairement au mur. Weidmann allait mourir face à l'avenue.

De l'autre côté des barrières, la foule se massait toujours plus, faisant de nombreux blessés. On était là pour voir !

Il y eut une discussion mouvementée sur l'heure de l'exécution. Le procureur de la République parlait d'« heure légale », c'est-à-dire d'été, et M. Desfourneaux, d'« heure solaire », c'est-à-dire l'heure réelle du lever du soleil, soit 4 h 50.

3 h 05. Il fut décidé que les pompes funèbres ne viendraient pas ; le corps serait transporté par le fourgon du bourreau jusqu'au cimetière, sans simulacre d'inhumation. La compagne de Weidmann était à Versailles. Prévenue de la mort prochaine de celui-ci, elle avait acheté une concession au cimetière des Gonards. Le corps passerait du panier du bourreau à une bière déjà commandée. L'inhumation aurait lieu aussitôt dans le carré des suppliciés.

La loi voulait que, pour un guillotiné, il n'y ait aucune inscription sur la tombe. Sur celle de Landru, pourtant, on pouvait lire un prénom : Désiré.

3 h 10. Les petites fenêtres de la sacristie de la chapelle de la prison s'allumèrent. L'aumônier préparait la messe.

3 h 35. Le couteau de la guillotine était enfin monté. M. Desfourneaux, le bourreau, le fit fonctionner, puis le remonta immédiatement. La nuit était claire. Les renforts de cuir des deux montants latéraux brillaient presque autant que la lame.

Sur le toit d'une maison attenante à la prison furent aperçues des formes humaines qui rampaient. Les agents braquèrent leurs lampes dans leur direction et sommèrent les personnes de descendre. Au même moment, le procureur de la République, M. Balmary, arrivait. L'heure de l'exécution serait celle du bourreau : 4 h 50.

3 h 45. Me de Moro-Giafferi et Jardin, sortant d'une voiture, pénétrèrent dans le palais de justice pour gagner ensuite la prison.

4 h 10. Les fenêtres de la chapelle s'allumèrent. Weidmann avait voulu mourir en chrétien.

4 h 52. Le bourreau enfermait le cadavre dans le panier.

Cette exécution fut la dernière en France à être réalisée en public.

Note insolite : Christopher Lee, le si célèbre Dracula du cinéma des années 1950 à 1960, s'y était rendu. Il le raconta dans ses mémoires.

Il était une fois le démon incarné

« Ce que j'ai fait, c'est par esprit sportif. Par conséquent, je ne demande pas tellement de remerciements ! »

Marcel Petiot, répondant à l'avocat général lors de son procès, le deuxième jour d'audience

Si vous pensez avoir tout vu en matière de sournoiserie et de vilenie, alors vous serez surpris de constater qu'en matière de crime la limite n'est jamais totalement atteinte. Et l'occupation allemande lors de la Seconde Guerre mondiale a incontestablement donné de nouvelles perspectives aux criminels français. Jamais affairistes et malfaiteurs n'ont amassé des fortunes aussi considérables en si peu de temps, et cela en toute impunité, ou presque. Marcel Petiot en fut l'illustration parfaite.

Fils d'un commis principal des postes, il naquit à Auxerre, dans l'Yonne, en 1897. Il avait quatorze ans, et son frère Maurice, cinq, lorsqu'en 1911 ils se retrouvèrent orphelins de mère. Leur père ne parvint pas à faire face à la charge que représentent deux enfants, et ils furent élevés par leur grand-mère et leur tante maternelles, à Auxerre. On raconte qu'il fut très tôt attiré par le sexe : il écrivait à douze ans ses premiers récits pornographiques. Ses actes de cruauté envers les animaux et ses violents accès de rage en présence de ses camarades alertèrent sa famille, qui décida d'envoyer le jeune Marcel consulter un psychiatre parisien.

Plus tard, après cette enfance mouvementée, il mena de brillantes études, jusqu'au jour où il fut renvoyé de son lycée pour un vol de livre. Son bac en poche, qu'il passa en candidat libre, il devança l'appel en 1916 et prit les armes dans l'infanterie. Mais, blessé au pied par un éclat d'obus, il se plaignit aussi d'amnésie. Finalement, il fut réformé pour troubles psychiques. Alors que la guerre se poursuivait, Petiot entrait à la faculté de médecine de Paris. Il en sortit brillamment et s'établit dans la petite ville de Villeneuve-sur-Yonne. Comme il était très populaire – car il saignait gratuitement les pauvres –, on lui proposa de briguer le poste de maire. Il accepta et fut élu aux élections de 1926. Mais son comportement ne plaisait pas à tout le monde, et surtout pas à la justice, qui se mêla de ses affaires. En effet, Petiot avait été accusé par certains de ses électeurs de vol et de détournement de fonds ; et puis il y avait cette jeune femme à qui il avait fait un enfant et qui avait disparu encore enceinte, du jour au lendemain.

Malgré les soupçons, Petiot ne fut pas inquiété et quitta la province pour s'installer à Paris, 66, rue de Caumartin, dans le 9e arrondissement, à quelques pas de la gare Saint-Lazare. Là, il reprit son métier de médecin. Il se bâtit de nouveau une bonne réputation et, très vite, vécut aisément.

Toutefois, Paris ne lui donna pas l'occasion de se racheter une conduite. Ses ennuis avec la justice continuaient : fraude fiscale et même vol à l'étalage à la librairie Gibert Joseph. En 1936, il fut également interné six mois dans une clinique psychiatrique d'Ivry. Puis l'on perd sa trace jusqu'en 1941.

Au mois de mai de cette année, il acheta un hôtel particulier, rue Le Sueur, près de l'avenue Foch, dans le 16e arrondissement. Pour y être plus tranquille, il fit élever un mur mitoyen. Il aménagea à l'intérieur son cabinet médical, mais aussi sa cave, dans laquelle il installa une double porte et une chambre à gaz. Il n'était plus le Dr Petiot mais le Dr Eugène.

Il fit courir la rumeur qu'il était le chef d'un réseau clandestin d'évasion vers l'Amérique du Sud. Évidemment, à tout aspirant au départ, il réclamait une forte avance, puis demandait de venir la nuit, avec une seule valise qui ne devait contenir que ses biens les plus précieux. Sous prétexte de vaccination, le fugitif était conduit dans la cave et gazé

65
29
32
63
62
66

45
59
76
43
57
42
56
55
74
41
40
52

dans la salle d'attente. Le corps était ensuite découpé en morceaux et jeté dans le puits pour être recouvert de chaux vive. Les restes finissaient dans la chaudière de la maison.

La première victime du Dr Eugène fut Joachim Guschinow, fourreur juif. Après la rafle du Vél' d'Hiv' les 16 et 17 juillet 1942, les candidats au départ furent nombreux. Les juifs ne furent pas les seuls clients. Plusieurs truands dont la richesse acquise par le vol et la dénonciation était menacée firent appel à ses services. Francis Albertini, Charles Réocreux, Joseph Piereschi, entre autres. Les Allemands, soupçonneux, surveillèrent bientôt les activités de Petiot. La Gestapo de la rue des Saussaies fit revenir du camp de Drancy Yvan Dreyfus pour infiltrer le fameux « réseau » du docteur, mais il disparut le 15 mai 1943.

Petiot fut aussitôt arrêté et résista aux séances de torture de la Gestapo française de la rue Lauriston, surnommée la Carlingue.

Libéré le 13 janvier 1944, il s'empressa de faire disparaître toute trace de ses activités de la rue Le Sueur. Mais le 11 mai, alertés par des voisins importunés par la fumée noire et nauséabonde qui s'échappait de l'hôtel particulier, les pompiers pénétrèrent dans l'antre du diable et constatèrent le carnage que Petiot avait commis depuis plusieurs années.

Le docteur avait réussi à prendre la fuite. Une enquête fut ouverte et on fut en mesure d'identifier vingt-sept personnes, grâce à leurs noms inscrits sur les vignettes des valises que Petiot avait conservées soit rue Le Sueur, soit rue de Caumartin. Il fit sans doute bien plus de victimes.

On retrouva Petiot et on l'arrêta. Son procès eut lieu peu de temps après. Il tenta lors des premiers jours d'audience de se présenter comme un résistant des Forces françaises de l'intérieur, participant activement à l'épuration des collaborateurs. *Le Figaro* de l'époque retranscrivit des épisodes de l'événement et présenta ainsi cet homme qui, dès sa première prise de parole, s'attira les foudres de l'auditoire par son cynisme et ses accès de fanfaronnade, prenant le tribunal pour une scène de théâtre : « Très brun de cheveux, glabre, la peau très blanche, on lui voit un nez pointu sous d'assez beaux yeux, et une bouche mince et cruelle. » Le verdict fut à la hauteur des crimes commis, selon le procureur général. Marcel Petiot fut guillotiné le 25 mai 1946 au matin.

La fin misérable de Pierrot le Fou achève la liquidation, en trois ans, de la sanglante aventure de

... LOUTREL... NAUDY... ATTIA... BOUCHESEICHE et FEFEU,

LES CINQ GRANDS DU MILIEU

M. CARRIÈRE et R. BUFFET

Sur la piste de Pierrot le [...] et de ses [...]

LES HOMMES DE [...] arrêtés samedi

A propos de l'attaque de l'av[...]

AINSI SE DÉROULA L'ATTAQUE DE LA

On repar[...] Pierrot-l[...]

De la Gestapo au grand banditisme

« Tout ce qui reste du fabuleux gangster Pierre le Fou que ses complices enterrent comme un chien, il y a trente mois ! »

Légende de la photo de l'exhumation de Pierre Loutrel, *Détective*, 16 mai 1949

Pierre Loutrel, dit Pierrot la Valise, Pierrot la Violence, Pierrot le Fou. Autant de surnoms pour qualifier les goûts et le caractère d'un homme qui avait choisi la violence comme mode de vie et d'expression, que la période de la Seconde Guerre mondiale et de l'après-guerre lui permit de développer pleinement.

Né dans la Sarthe, fils de paysans aisés, il n'avait que seize ans en 1932 quand il s'engagea comme mousse sur un navire de commerce, par soif d'aventure. Lors des escales, les virées dans les bas-fonds des ports où convergeaient misère, vice et crime lui ouvrirent un monde dans lequel il trouva immédiatement sa place : beuveries, bagarres, larcins... Peu discipliné, il fut violemment débarqué à Marseille.

À dix-neuf ans, et alors qu'il avait déjà nombre de cambriolages à son actif, il fit son service militaire dans les bataillons d'infanterie légère d'Afrique. Il y rencontra d'autres voyous.

Revenu à la vie civile, il gagna Paris. Le jour, il était garçon de café, la nuit, cambrioleur. En 1938, il rencontra l'une des femmes les plus importantes de sa vie ; elle se faisait appeler Marinette Chadefaux mais se nommait Jacqueline Laferrière.

Ensemble, ils prirent la gérance d'un bar-hôtel pour se donner un semblant de légitimité sociale et couvrir leurs activités nocturnes : cambriolages, agressions, faisant parfois des morts.

L'armistice de juin 1940 fut, pour de nombreux truands et autres criminels, le début d'un âge d'or. Le pillage par l'Allemagne de la production agricole française et de ses produits industriels impacta la nouvelle économie :

le marché noir enrichit les moins scrupuleux rapidement et de manière spectaculaire.

Par ailleurs, l'Allemagne nazie avait besoin, outre la police française, déjà à ses ordres, d'une organisation plus musclée capable, sans faire de sentiment, de chasser les opposants à cette occupation.

La Gestapo française naquit de ce désir. Elle recruta principalement dans les milieux interlopes. Si à Marseille les truands se divisèrent sur la question, à Paris, le grand banditisme collabora allègrement. Installés avenue Foch ou rue Lauriston, ils organisaient les vols aux étages supérieurs et suppliciaient les résistants dans les caves. Le chantage, le pillage des appartements vides ou occupés par des familles juives ou de résistants, le racket et la prostitution étaient leurs activités quotidiennes. Pierre Loutrel ne manqua pas d'y participer. Très vite, il accumula une petite fortune et vécut avec faste, passant des cambriolages aux soirées mondaines. Plus rien ne l'empêchait de mener ses affaires au grand jour, sans être inquiété, dans les bordels de luxe de la capitale, devenus « lieux de spectacles » depuis la loi du 31 décembre 1940.

À partir de 1942, l'organisation passa sous la conduite de Pierre Bonny, ex-premier flic de France, l'homme de l'affaire Stavisky. Elle devint plus politique, et la bande continua de s'enrichir.

En 1943, sentant le vent tourner, certains commencèrent à réfléchir à une porte de sortie.

Loutrel était de ceux-là. L'homme, il est vrai, avait considérablement changé. Régulièrement alcoolisé, il ne réfrénait plus sa violence et sortait son arme avec une facilité déconcertante. Certains de ses amis en firent les frais, ce fut le cas d'Henri Fefeu, dit Riton le Tatoué, et Abel Danos, dit le Mammouth.

L'assassinat gratuit d'un policier en 1944, l'inspecteur Henri Ricordeau, fut son dernier acte « gestapiste ».

En 1944, des bruits couraient à propos d'un prochain débarquement des Alliés ; il y aurait encore de l'argent à se faire. Loutrel gagna la Résistance pour être du bon côté au bon moment.

Il intégra le réseau Morhange à Toulouse cette même année, sous le pseudonyme de Pierre Déricourt, et avait pour mission d'éliminer les agents doubles. Une nouvelle occasion de tirer légitimement et de voler, puisque ceux qui s'étaient largement enrichis pendant l'Occupation pouvaient, sans problème, être eux aussi inspectés.

Devenu lieutenant des FFI, il exécuta un officier allemand à la terrasse d'un café en juillet.

En revanche, la libération de Paris, l'installation d'un gouvernement provisoire et le début de l'épuration lui causèrent quelques soucis. Il fut détenu plusieurs semaines à la prison Saint-Michel, dont il sortit en octobre 1944 pour intégrer la Direction générale des études et recherches – les services secrets français. Les nazis avaient eu besoin de bandits français, la nouvelle France les utilisa également pour faire les basses besognes.

Ainsi, il fut chargé d'éliminer le plus gros trafiquant de l'Occupation réfugié en Espagne, Michel Szkolnikoff, en juin 1945.

Revenu à Paris, il retrouva son ami Jo Attia, rentré de déportation avec Henri Fefeu, Georges Boucheseiche – autre ancien gestapiste – et Abel Danos. C'est la naissance du Gang des Traction-Avant. Ils s'associèrent à Raymond Naudy « le Toulousain », Louis Quérard « P'tit Louis le Nantais » et Marcel Ruard « le gitan ». De février à novembre 1946, il leur fut attribué quinze attaques, dont de multiples braquages de convois de fonds et de camions des PTT, tant à Paris que dans la région parisienne, sur la Côte d'Azur et en Provence. Le siège de Champigny donna lieu à une de leurs fuites les plus célèbres et médiatisées : encerclés par plus de 350 policiers, deux des lieutenants de Pierrot le Fou furent exfiltrés in extremis de l'auberge, au nez et à la barbe de la police.

Leur butin total est aujourd'hui estimé à plus de 6 millions d'euros.

Mais, le 6 novembre, Loutrel se blessa avec sa propre arme lors de l'attaque d'un bijoutier rue Boissière. Hospitalisé sous un faux nom et un faux prétexte – accident de chasse – dans une clinique de l'avenue Daumesnil, il en sortit trois jours plus tard grâce à Attia et Boucheseiche. Mais, le 10, il succombait à ses blessures.

Il fut enterré sur une île de la Seine. Trois ans plus tard, la police ne découvrit l'endroit que grâce à l'arrestation de l'un de ses acolytes, Courtois.

Le corps de l'ennemi public numéro un de France fut exhumé le 7 mai 1949 et détruit.

Épilogue

Les différents récits que je viens de partager avec vous ne sont pas que d'exceptionnels faits divers.

Ils n'illustrent pas seulement la folie meurtrière qui prend parfois le contrôle d'un être humain, quel que soit son âge, son genre ou son origine sociale. Ils n'ont pas été choisis, non plus, pour le plaisir gratuit de proposer une succession d'images où la mort tient le rôle principal.

Hauts faits du crime de ces deux derniers siècles, ils ne sont que des exemples. Quantité d'autres affaires, toutes aussi odieuses et révoltantes, commises pendant cette même période, restent inconnues, soigneusement ensevelies dans le silence des archives.

Si j'ai choisi de m'intéresser à celles-ci, c'est parce qu'elles me permettaient d'esquisser une autre histoire : celle de tous les acteurs qui gravitent autour des crimes, que ce soient les politiques, les policiers, les avocats voire le peuple lui-même.

Il y a d'abord le rôle de la police et de la gendarmerie, dont le pouvoir, l'efficacité et la capacité à réagir, soutenus par les progrès scientifiques, n'a fait que s'amplifier au cours de cette période, non pas pour instaurer un régime autoritaire, mais pour défendre cet idéal de paix et de civilité souhaité par tous les régimes politiques qui se sont succédé depuis la Révolution française.

Il y a ensuite celui de la justice qui a, peu à peu, cessé d'être ce glaive impitoyable dont la rigueur, voire l'intransigeance, a acculé parfois à la récidive ceux qui ne purent retrouver une place dans la société après leurs premières erreurs : coupables une fois, ils le demeuraient toujours, même longtemps après avoir purgé leur peine.

Depuis la Troisième République, au moins, cette justice, outre qu'elle délaissa le choix systématique de la peine de mort pour tous les crimes de sang, chercha à comprendre les criminels – comme dans les affaires de Mme Caillaux ou de Violette Nozière – et à mettre au jour les circonstances atténuantes tels les troubles psychologiques – comme pour Louis Menesclou et pour Paul Gorgulov.

Crédits photos

p. 14 Maxger / Getty Images ;

p. 22-23 Plan de Paris, 1800 – Plan routier de la ville de Paris et de ses faubourgs Jean (17..-1839 ; éditeur) ;

p. 24 Illustrations Shutterstock :
Guillotine © Alexander_P ;
Couteau © AVA Bitter ;
Jumelles © Alexander_P ;
Seringue © lynea ;
Loup © Evgeny Turaev ;
Bosquet © chempina ;

p. 26 Différents meurtres sous la Révolution. © BnF ;

p. 32 Jourdan de Launay est tué puis décapité par un certain Desnot, et le prévôt des marchands de Paris Jacques de Flesselles et l'administrateur Jacques Foullon sont eux aussi tués et leurs têtes baladées au bout d'une pique. © Library of Congress / PC 5 – 1789, no. 17 (A size) [P&P] ;

p. 34-35 Assassinat de Louis-Michel Lepelletier de Saint-Fargeau. CC0 Paris Musées / Musée Carnavalet ;

p. 38 Portrait de Charles Dautun, en buste, de 3/4 dirigé à gauche dans une bordure ovale placée au dessus d'une scène représentant l'assassin accomplissant son crime : [estampe] © BnF ;

p. 44 Portraits de Louis Pierre Louvel et de S. A. R. le Duc de Berry © BnF ;

p. 50 Procès complet d'Edme-Samuel Castaing,

Paris, 1823 – Wellcome Library no. 545606i ;

p. 58 Antoine Léger l'anthropophage – Armand Fouquier © BnF ;

p. 64 Source : Fondo Antiguo de la Biblioteca de la Universidad de Sevilla ;

p. 74-75 Plan de Paris 1846 - Andriveau-Goujon ;

p. 76 Illustrations Shutterstock :
Livre et encrier © AVA Bitter ;
Canon © Alexander_P ;
Église © Canicula ;
Chaussure © alex74 ;
Pont de Paris © mivod ;
Paquebot © ONYXprj ;

p. 78 Illustration pour « Claude Gueux » dans l'édition Hetzel, *Œuvres illustrées de Victor Hugo : notes et préfaces par l'auteur*. Dessins par J.-A. Beaucé, Gavarni et Gérard Séguin. Paris : Hetzel, 1853-1854 © CCo Paris Musées / Maisons de Victor Hugo Paris-Guernesey ;

p. 86 Pierre Francois Lancenaire, poète et assassin – Gravure de 1863 dans *Le Livre Rouge – Histoire De L'Échafaud en France* par Dupray de La Maherie – Collection privée © Stefano Bianchetti / Bridgeman Images ;

p. 92 Guiseppe Fieschi (1790-1836), conspirateur, auteur de l'attentat à la « machine infernale » du 28 juin 1835, contre Louis-Philippe Ier. Portrait à mi-corps, de trois-quart gauche, les bras croisés. © Musée Carnavalet / Roger-Viollet ;

p. 98 Monseigneur Sibour. Archevêque de Paris – Atelier Nadar. © BnF ;

p. 104 Revue *Détective*, jeudi 23 mars 1939 – Emmanuel Car – Collection BiLiPo / Criminocorpus ;

p. 110 Portrait d'Avinain (1797-1867), Pierre Ambroise Richebourg, CCo Paris Musées / Musée Carnavalet ;

p. 116 *L'Éclipse*, 23 janvier 1870 / dessins d'André Gill © BnF ;

p. 124-125 Plan de Paris pour l'Exposition Universelle, 1889 – Vuillemin ;

p. 126 Illustrations Shutterstock :
Soldat © lynea ;
Paquet © Golden Shrimp ;
Montre © George J ;
Poupée © Regina Bilan ;
Caducée © Channarong Pherngjanda ;
Masques © MoreVector ;
Boucles d'oreille © Artur Balytskyi ;
Malle © MaKars ;

p. 128 Pierre Napoléon Bonaparte, lithographie de Jaques Francois Gauderique – Royal Collection Trust © Her Majesty Queen Elizabeth II, 2021 / Bridgeman Images ;

p. 134 Victor Prévost dispersant le corps d'Alexandre Lenoble le soir de son assassinat. 21 septembre 1879. Dessin de J. Gerlier – Collection particulière ;

p. 142 *Le Journal Illustré*, 2 novembre 1884, dessin de Henri Meyer – Collection particulière ;

p. 150 L'assassin Menesclou – condamné à mort le 30 juillet – *La Presse Illustrée*, dimanche 9 août 1880. Portrait de M. Gerlier – Collection particulière ;

p. 158 *Le Voleur illustré* : cabinet de lecture universel, 11 août 1882 © BnF ;

p. 166 L'exécution de Campi, place de la Roquette, le 30 avril 1884. Gravure de V. Stablo © Musée Carnavalet ;

p. 170 *Le Journal illustré*, dimanche 10 avril 1887. Dessin de Henri Meyer © Ordre des avocats de Paris / Musée ;

p. 178 La criminelle Gabrielle Bompard, Rue Lorette de Tronson-du-Coudray, 1890 © Bridgeman Images et Case Gouffé ; Portrait de Michel Eyraud – Paris, Archives de la Préfecture de Police. Photo : © Leonard de Selva / Bridgeman Images ;

p. 190-191 Plan de poche 1900 – Nouveau Paris Monumental – Garnier © Geographicus ;

p. 192 Illustrations Shutterstock :
Cheval à bascule © Yudina Anna ;
Masque d'ogresse © Artur Balytskyi ;
Fauteuils de théâtre © alya_haciyeva ;
Fauteuil ancien © alya_haciyeva ;
Voiture © AVA Bitter ;
Journal © Marzufello ;
Serveur © AVA Bitter ;
Alliances © Christos Georghiou ;

p. 194 *Le Petit Parisien*, supplément du dimanche 19 juin 1898 © Collection particulière ;

p. 200 *Le Petit Journal*, supplément du dimanche 12 mai 1907 © BnF ;

p. 210 *Le Petit Journal*, supplément du dimanche 24 février 1907 © BnF ;

p. 216 *Le Petit Journal*, supplément du dimanche 13 décembre 1908 © BnF ;

p. 226 La bande à Bonnot, dans *Le Nord Illustré*, 15 mai 1912 © Collection Grégoire / Bridgeman Images ;

p. 234 *Le Petit Journal*, supplément du dimanche 29 mars 1914 © BnF ;

p. 244 Gravure du meurtre de Jaurès au Café du Croissant à Paris le 31 juillet 1914 © PVDE / Bridgeman Images ;

p. 252 Caricature de Landru dans *Le Petit Journal illustré*, du 13 novembre 1921 © Stefano Bianchetti / Bridgeman Images ;

p. 262-263 Plan de Paris, 1932 – Paris Monumental et Métropolitain – Robelin © Geographicus ;

p. 264 Illustrations Shutterstock :
Lettre © Maisei Raman ;
Pierre précieuse © Artur Balytskyi ;
Revolver © MoreVector ;
Sac à main © AKaiser ;
Enseigne métro © redchocolate ;
Regard © AlisaRed ;

Stéthoscope © Channarong Pherngjanda ;
Voiture © Malashkos ;

p. 266 *Le Petit Parisien*, mardi 23 janvier 1923 © BnF ;

p. 274 Une de *Détective*, 3 avril 1930. © Collection BiLiPo / Criminocorpus ;

p. 280 *Le Petit Journal illustré*, 15 mai 1932 © BnF ;

p. 286 Photos d'identité de Violette Nozière, 29 août 1933 © PVDE / Bridgeman Images ;

p. 294 Une de *Détective*, 27 mai 1937 © Archives Charmet / Bridgeman Images ;

p. 300 Eugène Weidmann pendant son procès. © Bridgeman Images ;

p. 304-305 Exécution d'Eugène Weidmann à Versailles, 17 juin 1939 © René Dazy / Bridgeman Images ;

p. 310 Procès de Marcel Petiot en mars 1946. © AGIP / Bridgeman Images ;

p. 314-315 Valises et malles où Marcel Petiot rangeait les objets de valeur qu'il volait à ses victimes, mars 1946 © René Saint-Paul / Bridgeman Images ;

p. 318 Article de *Détective* du 23 mai 1949 © Collection Philippe Zoummeroff / Criminocorpus ;

p. 326 et p. 330 Maxger / Getty Images.

Composé et édité par HarperCollins France.

Imprimé en décembre 2021
par CPI Bussière (Saint-Amand Montrond).
Dépôt légal : octobre 2021.
N° d'impression : 2062114

Pour limiter l'empreinte environnementale de ses livres, HarperCollins France s'engage à n'utiliser que du papier fabriqué à partir de bois provenant de forêts gérées durablement et de manière responsable.

Imprimé en France.